创造者

二十世纪中国文化名家肖像

沈建中 著

上海书店出版社

SHANGHAI BOOKSTORE PUBLISHING HOUSE

沈达中摄影作品集

启功题签

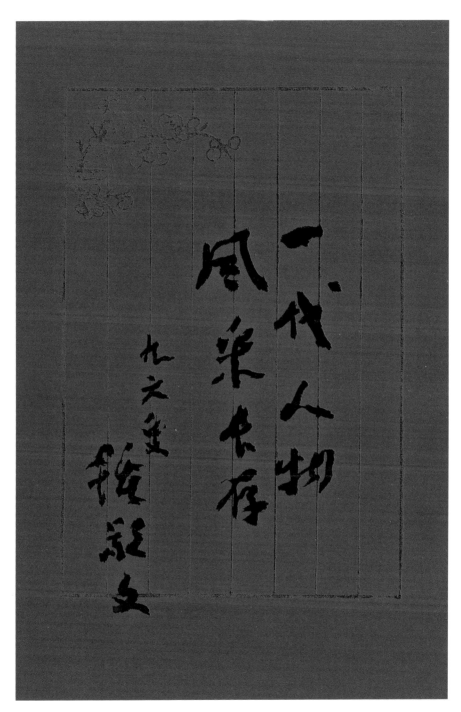

一代人物
风采长存

九文爱

钟敬文

钟敬文先生题词

沈建中攝影

顧廷龍題

顧廷龍先生題词

沈建中摄影

钱君匋九十一题

钱君匋先生题词

极新百家

建中国画坛正轨

乙亥秋日 谢稚柳

谢稚柳先生题词

文化中國

畅安书尚

沈建中摄影作品

清园　王元化

王元化先生题词

目　　录

序 / 葛兆光 001

为沈建中著《世纪肖像》

而作 / 施蛰存 003

《世纪肖像》序 / 萧乾

...............004

朱屺瞻 002

郑逸梅 004

陈翰笙 006

万籁鸣 008

万古蟾 010

冰　心 012

陈岱孙 014

资耀华 016

章克标 018

杨　堃 020

罗尔纲 022

郑超麟 024

胡焕庸 026

赵松樵 028

刘靖基 030

汪静之 032

苏步青 034

吴仞之 036

姜亮夫 038

萧　娴 040

钟敬文 042

贺绿汀 044

巴　金 046

李霁野 048

吕叔湘 050

顾廷龙 052

夏征农 054

常任侠 056

薛暮桥 058

孙大雨 060

朱维之 062

李丁陇 064

施蛰存 066

胡絜青 068

袁晓园 070

曹安和 072

舒　同 074

楼适夷 076

雷洁琼 078

蔡尚思 080

臧克家.......................082

王季思.......................084

申石伽.......................086

匡亚明.......................088

陈伯吹.......................090

周有光.......................092

钱君匋.......................094

傅振伦.......................096

黄　源.......................098

戴家祥.......................100

于　伶.......................102

邓广铭.......................104

邓季惺.......................106

叶浅予.......................108

吴一峰.......................110

单士元.......................112

郑效洵.......................114

赵朴初.......................116

赵铭彝.......................118

姚荫梅.......................120

潘景郑.......................122

苏渊雷.......................124

吴作人.......................126

张秀民.......................128

赵家璧.......................130

贾兰坡.......................132

钱仲联.......................134

缪天瑞.......................136

卫俊秀.......................138

王朝闻.......................140

白寿彝.......................142

吕　骥.......................144

苏秉琦.......................146

杨明照.......................148

吴丰培.......................150

张中行.......................152

张允和.......................154

张岱年.......................156

罗大冈.......................158

柯　灵.......................160

高元白.......................162

徐梵澄.......................164

卞之琳.......................166

王颂余.......................168

艾　青.......................170

汤炳正.......................172

吴青霞......................174

张骏祥......................176

陈彪如......................178

陈鲤庭......................180

林　林......................182

林　庚......................184

林耀华......................186

金石声......................188

费孝通......................190

姚雪垠......................192

曹　禺......................194

萧　乾......................196

谢稚柳......................198

蔡若虹......................200

黎雄才......................202

陆　治......................204

张　庚......................206

杨　绛......................208

何兹全......................210

罗竹风......................212

季羡林......................214

周振甫......................216

侯仁之......................218

徐邦达......................220

黄绍芬......................222

黄养辉......................224

萧淑芳......................226

王为一......................228

王利器......................230

孔罗荪......................232

凤　子......................234

史念海......................236

关山月......................238

辛　笛......................240

启　功......................242

李鹤年......................244

张开济......................246

张政烺......................248

陈锡祺......................250

林　辰......................252

金克木......................254

赵萝蕤......................256

徐　复......................258

翁闿运......................260

端木蕻良......................262

马学良......................264

马伯煌......266

王玉哲......268

王铁崖......270

王锺翰......272

戈宝权......274

冯亦代......276

刘　琼......278

张光年......280

陈荒煤......282

吴　泽......284

季镇淮......286

林默涵......288

屈守元......290

周一良......292

郭诚永......294

胡　采......296

胡道静......298

贾　芝......300

顾学颉......302

黄苗子......304

程千帆......306

葛一虹......308

马三立......310

王世襄......312

王西彦......314

车　辐......316

龙国屏......318

叶君健......320

刘自椟......322

刘佛年......324

邢公畹......326

朱家溍......328

杨　沫......330

杜　宣......332

吴调公......334

陈明达......336

陈残云......338

周而复......340

赵清阁......342

骆玉笙......344

梅　志......346

舒　諲......348

于光远......350

方　行......352

王仲镛......354

冯英子......356

刘九庵......................358

沙博理......................360

杨仁恺......................362

杨志玖......................364

杨宪益......................366

杜仙洲......................368

严文井......................370

邹健东......................372

赵瑞蕻......................374

赵宏本......................376

特　伟......................378

徐中玉......................380

赖少其......................382

廖冰兄......................384

丁　聪......................386

王达津......................388

刘白羽......................390

朱季海......................392

任继愈......................394

陈冰夷......................396

郁　风......................398

罗工柳......................400

赵蕴玉......................402

钟树梁......................404

莫宗江......................406

贾植芳......................408

袁　珂......................410

徐肖冰......................412

裘沛然......................414

韦君宜......................416

沈文倬......................418

李德伦......................420

杨生茂......................422

岑学恭......................424

吴祖光......................426

张　仃......................428

邹荻帆......................430

周小燕......................432

周绍良......................434

凌子风......................436

蒋齐生......................438

葛墨安......................440

于倬云......................442

方　成......................444

石少华......................446

白敦仁......................448

汪尧田 450

张瑞芳 452

陈 原 454

陈从周 456

周汝昌 458

胡 绳 460

胡问遂 462

陶大镛 464

黄秋耘 466

冯 牧 468

沈柔坚 470

杨苡 472

吴冠中 474

罗光达 476

钱谷融 478

黄 裳 480

靳 夕 482

戴乃迭 484

王元化 486

孙其峰 488

朱德群 490

汪曾祺 492

陈观烈 494

冀淑英 496

王汶石 498

许觉民 500

洪葭管 502

高式熊 504

袁可嘉 506

黄宗江 508

蒋天流 510

程十发 512

霍松林 514

方去疾 516

史树青 518

朱践耳 520

何 为 522

李平凡 524

唐振常 526

耿宝昌 528

秦 怡 530

钱伯城 532

宿 白 534

绿 原 536

舒 芜 538

管 桦 540

熊秉明......................542

魏绍昌......................544

石兴邦......................546

厉慧良......................548

孙克纲......................550

李之勤......................552

范　用......................554

林斤澜......................556

顾炳鑫......................558

陶增骥......................560

蒋孔阳......................562

臧尔忠......................564

冯其庸......................566

仲星火......................568

袁　鹰......................570

黄永玉......................572

黄永年......................574

黄宗英......................576

黄　胄......................578

李若冰......................580

文洁若......................582

王　千......................584

黄翔鹏......................586

新凤霞......................588

庞　朴......................590

宗　璞......................592

吴敬琏......................594

陈乐民......................596

梅葆玥......................598

梅葆玖......................600

蔡仲德......................602

邢啸声......................604

戴敦邦......................606

陈逸飞......................608

代跋　学路烟云散记
　　　　......................610

序

文化人的活动半径未必很大，他们的社交圈子也往往很小。在电视之类媒体还不那么流行，更没有网络视频的时代，尽管现代中国文化史上有好多赫赫有名的大人物，但是同代人未必能有幸亲眼目睹，后代人就更没有那个幸运亲炙。这里说一个让人感慨的事情，我在北大读书时代的老师阴法鲁（1915—2002）先生，好像他留下的照片就不多。现在的网络上，说起他来，配的图居然是我和阴先生在颐和园的一张合影，我倒是正面的，而阴先生却只是大半个背影。所以，趁着他们在世的时候，给他们留下影像，让人们通过这些照片，想象他们的风采，追溯那个时代的学术史与文化史，也是一桩功德无量的事情。孟子说："读其书，不知其人可乎。"其实，除了"知"，最好还有"见"，见到他们的身形容貌，也许会更多亲切感，让人更愿意理解他们的学术和思想。

沈建中先生是有心人，多年来他遍访好些前辈文化人，精心地给他们拍摄照片。前些时候，他送我一册《创造者：二十世纪中国文化名家肖像》（上海图书馆中国文化名人手稿馆 2017 年特别纪念版），这是他为一些文化界前辈拍摄的照片，我翻开浏览，里面的一百多个人物中，有过去曾经面见的先生，像周有光、邓广铭、张岱年、白寿彝、何兹全、徐邦达、侯仁之、启功和金克木等；也有无缘亲炙的前辈，如陈翰笙、苏步青、常任侠、蔡尚思、苏秉琦、卞之琳等。照片固然无声，但看到无声的照片，却会想起他们的话语，就像季羡林先生，看到他的照片，我就想到 1993 年陪同他在澳门开东西文化交流史会议时，暂住珠海旅舍时他对我说的那些话，想到 1989 年在北京大觉寺纪念五四会议上，他关于东西文化不同的那番妙喻，也不禁再一次翻出他给我写的一封讨论有关"空"和"无"本义的信。翻看这些照片，一时间仿佛时光倒流，隐约感受到了整个二十世纪中，由一个个知识人构成的文化史。

说到文化史，这里不妨多说两句。在中国史学传统里，文化之"史"

常常是以文化之"人"缀成的，如果你看各种正史里的"文苑传"，把里面一个一个人物按先后排列起来，可不就是一个中国文学的谱系？如果你从《伊洛渊源录》看到《宋元学案》、《明儒学案》，那一个个学者的系列，可不就是一个传统理学的历史？如果你看《高僧传》、《续高僧传》、《宋高僧传》，那一个个佛教僧人连起来，可不就是一部佛教东传的历程？只是古代中国没有照相留真的技术，能读其书，可知其人，而难识其面目。即使如此，到了晚近，当番禺叶氏追怀清代学人的时候，不也要凭着不那么传真的传统绘画方法，编一部《清代学者象传》？正所谓老话说的，凌烟阁上自当有图有史，我想沈建中先生编这部《创造者》，也是想给现代中国文化史的文字配上图版，仿佛在现代中国文化的历史殿堂里建立纪念碑，供后来的人们缅怀。

他早先送给我的这部《创造者》中，最后一位是端木蕻良，生于1912年，卒于1996年。但是沈建中先生告诉我，现在，他要正式出版这部摄影集，新出版的这部，会增加1912年以后出生的学者，总数超过三百。也许他知道，我与1913年出生的周一良先生、1928年出生的庞朴先生，曾经有较多的交集，便特意传来了两位先生的照片。看到这些离我们越来越近、感觉越来越熟悉的面容，我不禁有一些伤感，这些已经远在天堂的文化人物，真的带走了一个时代吗？而在如今这个时代，还能有这样让人尊敬、让人缅怀的文化人物吗？

葛兆光

2018 年 10 月于上海

为沈建中著《世纪肖像》而作

记得在本世纪二十年代读过一本外国人物摄影集，收录的都是欧美文艺家的肖像，神态各俱，栩栩如生。当时颇有一种向往之心。至三十年代我编《现代》杂志时，也就如法炮制，注意刊登中外作家的照片，读者对此很有兴趣。流风所及，后来《人间世》等许多刊物也都起而效仿。

摄影术发明至今已整整一百五十年，历史从此也具有可视性。不少对人类做出贡献的社会科学家、文学艺术家的形象，也因此得以留存，让后人缅怀。从这个意义上说，摄影家的功绩是很大的。

建中仁棣年轻有为，是一位业余摄影家，出于对文艺的爱好对学术的尊重，独自一人默默地做着一项极有意义的工作，要为本世纪末还健在的有成绩的中国文化界耆宿存照。当初知道他这个志向后，我曾给予肯定和鼓励，但同时也担心以他的个人能力，不知能否顺利完成这项工作。现在终于读到这部花费许多心血的摄影集，我为他感到高兴。

我现在是足不出户，从他这部书中见到许多老朋友的晚年神采，真是备感亲切。我要谢谢他，因此也乐意为之作序。

施蛰存

一九九九年七月十七日

《世纪肖像》序

　　这是一部青年摄影家为本世纪头十余年出生的各人文学科的老人拍摄的肖像影集。它为这些在风风雨雨中耕耘了一个世纪的老人们留下世纪末的身影，而其中绝大多数都还在世。从这个角度看，出版这样一本影集是有意义和价值的。使我更觉可贵的是，这里的照片，全部出自沈建中一人之手，其付出的辛劳可想而知。另外，他不为功名，所有费用都是他个人掏腰包。这种自觉追求艺术创作的努力，是一个青年艺术家十分难得的品质。

　　影集中既有我自幼就熟悉的大姐冰心和一生的好友巴金，也有我只知其名未曾谋过面的前辈或同辈。透过这部影集，我得以一睹他们的暮年风采。夕阳好看，正在于它已近黄昏。而沈建中这位有心的小伙子，为我们展出一片灿烂的"夕阳红"。夕阳也许会在世纪末落山，却是为了托起跨世纪更辉煌的朝阳。

萧乾

一九九八年十二月十三日于北京医院

创造者

二十世纪中国文化名家肖像

朱屺瞻（1892年—1996年），美术家。1905年进入宝山学堂读书，就读于邮传部上海实业学校，1912年底考入上海图画美术院习画，次年留校任教。1917年起曾两次东渡日本学习西洋绘画。1928年在上海参与创办美术社团"艺苑绘画研究所"，并任新华艺术专科学校校董兼教授。1956年起在上海中国画院任画师。早年研习中国传统绘画，青年时代专攻油画，尤喜后期印象派和野兽派画家的作品，自1950年代开始，长期致力于中国画的创作实践与画论研究，擅长山水画及兰竹花卉蔬果大写意，形成贯古通今、中西融合的独特画风。主要著作有《癖斯居画谭》、《朱屺瞻画语》，另出版有《朱屺瞻画集》、《朱屺瞻画选》、《屺瞻百岁画集》、《梅花草堂册》多种。

朱屺瞻　美术家

郑逸梅 作家

郑逸梅（1895年—1992年），作家。早年就读于上海敦仁学堂、苏州长元和公立第四高等小学堂，1913年考入江苏省立第二中学，即在《民权报》发表作品；后在江南高等学堂继续求学。1917年参与组织文学社团"星社"，1930年参加南社。先后任《申报》、《新闻报》、《时报》等特约撰稿，主编有《秋声》、《学生生活》、《永安月刊》多种报刊，历任中学、大学教职数十年，为上海市文史研究馆馆员。毕生致力于文学写作，曾写小说及剧本，专长近现代文史掌故，被誉为"补白大王"，一生笔耕不辍，作品甚丰。主要著作有《梅瓣》、《玉霄双剑记》、《茶熟香温录》、《上海旧话》、《清末民初文坛轶事》、《民国旧派文艺期刊丛谈》、《南社丛谈》、《艺林散叶》、《清娱漫笔》、《郑逸梅选集》。

沈建中摄影

顾廷龙题

陈翰笙（1897年—2004年），社会科学家。1922年获美国芝加哥大学硕士学位。1924年在德国柏林大学获博士学位后，出任北京大学教授和苏联国际农民运动研究所研究员。1928年起历任中央研究院社科研究所副所长，莫斯科东方劳动大学研究员，太平洋国际学会《太平洋事务》季刊副主编，香港中国工业合作国际委员会执行秘书，华盛顿州立大学教授，约翰·霍普金斯大学国际问题研究所研究员。1951年起先后在外交部、中国社会科学院任职。长期从事有关经济学、历史学、社会学和国际问题诸领域的学术活动，尤专于世界经济史和中国农村经济研究。主要著作有《中国农村经济研究之发轫》、《封建社会的农村生产关系》、《工业资本和中国农民》、《美国垄断资本》、《印度和巴基斯坦经济区域》、《陈翰笙文集》。

陈翰笙　社会科学家

万籁鸣 美术电影艺术家

万籁鸣（1900年—1997年），美术电影艺术家。1919年进入上海商务印书馆美术部、活动影戏部任编辑，1925年与胞弟摄制动画广告《舒振东华文打字机》，为中国动画片之雏形。曾任《良友画报》美术编辑。1926年加入长城画片公司，率领胞弟绘制我国第一部无声黑白动画片《大闹画室》，1935年又完成首部有声黑白动画片《骆驼献舞》，1940年再次导演亚洲第一部有声大型动画长片《铁扇公主》。他是中国美术电影事业的主要开创者之一；导演摄制的动画片蜚声中外，1960年代初导演的《大闹天宫》，堪称动画电影史上的经典作品。不仅能绘画还善剪影艺术，是中国剪纸艺术第一人。出版有《人体表情美》、《人体图案美》、《魔法之笔》、《国耻挂图》以及回忆录《我和孙悟空》。

万古蟾 美术电影艺术家

万古蟾（1900年—1995年），美术电影艺术家。是我国早期美术片开拓者之一，毕生探索以中国画形式制作动画片。1920年在上海美术专门学校毕业后留校任教。1925年进入上海商务印书馆，开始动画创作生涯。1926年与兄弟合作中国首部无声动画片，独自创作滑稽短片《一封寄回来的信》。1930年起继续与兄弟合作《纸人捣乱记》、《同胞速醒》、《精诚团结》、《民族痛史》、《龟兔赛跑》及我国首部有声动画片《骆驼献舞》。后在武汉参加创作《抗战歌辑》、《抗战标语》等片。1940年任新华联合影业公司卡通部主任，参加合作有声长片《铁扇公主》。1949年在香港任长城电影公司美工科长。1956年起任上海美术电影制片厂剪纸片导演，代表作有《猪八戒吃瓜》、《渔童》、《济公斗蟋蟀》、《猴龟分树》、《人参娃娃》。

顾廷龙题

冰心（1900年—1999年），作家。1921年加入文学研究会。1923年从燕京大学中文系毕业后即赴美国留学，1926年获卫斯理女子大学文学硕士学位。先后在燕京大学、北平女子文理学院、清华大学任教，曾任《文学季刊》编委及中华全国文艺界抗敌协会理事。1946年到日本东京大学执教。1951年回国后历任中国作家协会书记处书记和顾问、中国文联副主席等职。自"五四"运动初期就投身于文学创作，并长期从事翻译、教学和研究活动，一生著译颇丰，影响广泛。主要著作有小说《超人》、《去国》、《往事》、《冬儿姑娘》，散文《寄小读者》、《关于女人》、《樱花赞》和《小桔灯》，诗集《春水》、《繁星》，译作《先知》、《泰戈尔诗集》、《印度童话集》、《马亨德拉诗抄》，另有《冰心全集》。

冰 心 作家

陈岱孙（1900年—1997年），经济学家。1920年毕业于清华学校高等科。1922年获美国威斯康星大学学士学位，又就读于哈佛大学，1924年获文学硕士学位，1926年获哲学博士学位。回国后曾任清华学校大学部经济系教授、法学院院长以及西南联合大学经济系教授、系主任。1949年起历任清华大学法学院院长，中央财政经济学院副院长，北京大学经济系主任和校务委员会副主任委员，中华外国经济学说研究会会长等职。从青年时代起一直从事高等教育事业，致力于有关财政、国际金融、经济学说史等学科的教学与研究，尤专于外国经济思想史研究。主要著述有《从古典经济学派到马克思》、《经济学说史讲义》、《陈岱孙学术论著自选集》，主编《政治经济学说史》。

陈岱孙　经济学家

资耀华 金融学家

资耀华（1900年—1996年），金融学家。1926年从日本京都帝国大学经济学院毕业后，在北京中华汇业银行任职，又任北平法学院、中国大学、民国大学教授，《银行月刊》总编辑及上海商业储蓄银行经济调查部经理，参与建立联合征信所。先后两次赴美国宾夕法尼亚大学和哈佛大学工商管理学院进修，曾任上海商业储蓄银行华北管辖行经理等职。1950年起历任上海商业储蓄银行总经理、中国人民银行参事室主任、中国金融学会副会长等职。长期从事金融实务与理论研究，专长于金融、货币方面的史料编撰。主要著作有《国际汇兑之理论与实务》、《信托及信托公司论》、《银行问题之研究》、《凡人小事八十年》，主编《清代货币史资料》、《中华民国货币史资料》、《清代外债史资料》。

章克标（1900年—2007年），作家。1920年考取公费赴日本留学，在东京高等师范学校、京都帝国大学数学系攻读。毕业回国后曾在台州省立六中、浙江二中、浙江工业专门学校、上海立达学园、暨南大学任教；参与主编《一般》、创办狮吼社，曾在开明书店、金屋书店、时代图书公司任编辑，主编《开明》、《开明文学词典》、《十日谈》，参与创办《论语》。1950年代起在上海童联书店、新华书店上海发行所、上海印刷学校任职，并任海宁政协常委，浙江省文史研究馆馆员。长期从事编辑出版与文学写作，专长写作杂文。主要著作有《银蛇》、《文坛登龙术》、《文学入门》、《风凉话》、《文苑草木》、《世纪挥手》、《章克标文集》，译著有《夏目漱石集》、《菊池宽集》、《日本戏曲集》。

章克标　作家

杨堃（1901年—1998年），民族学家。1920年考入保定直隶省立农业专门学校留法预备班，次年即赴法国里昂中法大学就读，先后获得该校理科硕士学位和文科博士学位。1930年底回国后，历任北平大学商法学院、女子文理学院，中法大学孔德学院，燕京大学，云南大学教授。1978年起出任中国社会科学院民族研究所研究员，中国民俗学会副理事长。毕生从事有关民族学学科的研究活动，专于社会学、历史学、民俗学和原始宗教学的教学、考察、研究和著述，多次深入民族地区调查。主要著作有《社会进化史》、《民族学概论》、《原始社会发展史》、《民族学调查方法》、《社会学与民俗学》、《杨堃民族学研究文集》，合著《中国儿童生活之民俗学研究》，译著有《法国现代社会学》。

杨 堃 民族学家

罗尔纲　历史学家

罗尔纲（1901年—1997年），历史学家。1930年毕业于中国公学大学部文学系，1934年任北京大学文科研究所考古室助理，1937年转入中央研究院社会科学研究所任研究员，曾兼任广西通志馆编纂和中央大学历史系教授。1950年在中国科学院经济研究所任研究员，1954年起在中国社会科学院近代史研究所从事研究。自1920年代求学期间便开始从事史学研究，曾师从胡适，参与发起成立史学研究会，毕生致力于金石学、清代兵制、太平天国史及《水浒传》等方面的学术研究，是我国太平天国史研究的奠基人。主要著作有《金石萃编校补》《湘军新志》《太平天国史丛考》《绿营兵制》《太平天国史论文集》《太平天国史》《水浒传原本和著者研究》《增补本李秀成自述原稿注》。

郑超麟　翻译家

郑超麟（1901年—1998年），翻译家。1919年从旧制中学毕业后赴法国勤工俭学。1923年春由法国去莫斯科东方大学学习。曾任《热血日报》编委、《布尔塞维克》主编。晚年历任上海市政协第五、六届委员，上海政协之友社社员。毕生从事政治活动，但始终没有放弃翻译事业，自1920年代起由德文、法文和俄文翻译大量的文学、哲学、历史、政治、数学及自然常识方面的书籍。主要译著有《荒唐游记》、《小英雄》、《野非卯夫》、《大学时代》、《特棱克》、《诸神复活》、《新疆沙漠游记》、《刚果旅行》、《宗教哲学讲演录》、《宗教、哲学、社会主义》、《辩证法的唯物论》、《青春是美好的》、《从苏联归来》、《未来哲学》、《马克思恩格斯书信选》，另出版《玉尹残集》、《史事与回忆》。

胡焕庸 地理学家

胡焕庸（1901年—1998年），地理学家。1923年从南京高等师范学校文史地部毕业，1926年赴法国巴黎大学就读。1928年回国后任中央大学教授、地理系主任，兼任中央研究院气象研究所研究员。1945年起在美国马里兰大学地理系任研究教授。1950年代开始任华东师范大学教授、人口研究所所长。毕生从事人文地理学科的教学研究，专于自然地理学、人口学和气象学，是我国当代人口地理学的开创者，也是我国当代自然地理学和气象学的先驱之一，同时培养了多位中外知名的地理学家和人口学家。主要著作有《气候学》、《世界气候的地带性与非地带性》、《论中国人口之分布》、《古地理》、《欧洲自然地理》、《胡焕庸人口地理选集》，合著《世界海陆演化》、《中国人口地理》。

赵松樵　戏剧艺术家

赵松樵（1901 年—1996 年），戏剧艺术家。自幼深受梨园家庭熏陶，随父学艺，七岁登台演出，九岁以演《恶虎村》得"九龄童"艺名。1911 年带艺入北平喜连成科班，师从叶春善、萧长华，曾在天津陪谭鑫培出演娃娃生。1916 年起在杭州、上海、南京等地从事演出活动，并与诸名家合作。1949 年任南京军管会文艺处评艺员，1950 年在天津加入红风剧社，历任扶新剧社社长，建新京剧团副团长，天津文艺工会副主席，天津京剧二团艺术顾问，天津市戏剧家协会副主席，天津市表演艺术咨询委员会委员。毕生致力于京剧艺术事业，工表演亦擅编导，专于文武老生又多能，创演多部独家之作，享有"活颜良"、"活关羽"、"活潘璋"、"标准余千"等美誉，蜚声南北，资深历广。

沈建中攝影
顾廷龙题

刘靖基（1902年—1997年），文物收藏家。早年任常州大成纱厂经理，上海安达纱厂总经理，1950年代起历任大隆机器厂、江南水泥厂董事长，上海市棉纺织工业公司经理，上海市信托投资公司和上海市工商界爱国建设公司董事长，全国工商联副主席，全国政协副主席。在从事爱国工商事业的同时，毕生致力于中国历代书画收藏与鉴赏，从近代到宋元的藏品，数量大且精品多，生前将部分藏品捐献给上海博物馆，有宋代张即之《楷书待漏院记卷》、吴琚《行书五段卷》，元代赵孟頫《达摩过海图轴》、王蒙《天香深处图轴》、倪瓒《六君子图轴》、冯子振《行书虹月楼卷》，明代沈周《吴中名胜图册》、陈洪绶《西园雅集图卷》、唐寅《雪霁看梅图卷》、董其昌《秋兴八景图册》等四十件。

刘靖基 文物收藏家

汪静之 作家

汪静之（1902年—1996年），作家。自"五四"运动初期开始写作新诗，1921年从安徽茶务学校转入浙江第一师范学校就读，参与创办晨光文学社及湖畔诗社。早期出版的诗集，受到胡适、鲁迅、周作人的赞赏。后参加北伐战争、抗日战争，在军中任编纂、国文教官。1946年起任江苏学院、复旦大学中文系教授。1952年在北京人民文学出版社工作，1956年后定居杭州，从事专业文学写作。毕生致力于诗歌创作与诗歌理论研究，主要作品有诗集《湖畔》（合著）、《蕙的风》、《寂寞的国》、《六美缘——诗因缘与爱因缘》，小说集《耶稣的吩咐》、《翠英及其夫的故事》、《父与女》，论著《李杜研究》、《诗歌原理》、《作家的条件》，编著有《白雪遗音续选》、《爱国诗选》、《爱国文选》。

苏步青 教育学家

苏步青（1902年—2003年），教育学家。1927年毕业于日本东北帝国大学数学系，又入该校研究院就读，1931年获理学博士学位。自1930年代初期回国后即投身于我国教育事业，毕生从事教学实务与教育学理论研究，先后在浙江大学和复旦大学执教，主持学校的教学工作，历任教授、教务长、校长、名誉校长。同时致力于数学研究，专长微分几何，创立了中外公认的微分几何学派，曾任《中国数学会学报》总主编，擅长诗词写作和书法艺术。主要著作有《射影曲线概论》、《射影曲面概论》、《仿射微分几何学》、《射影共轭网概论》、《苏步青数学论文选集》，另有《理想·学习·生活》、《西居集》、《原上草集》、《数与诗的交融》、《神奇的符号》、《苏步青文选》、《苏步青业余诗词钞》。

吴仞之（1902年—1995年），戏剧学家。1915年考入大同学院攻读数学。早在江苏、安徽、上海做中学教员时就投身于爱国戏剧运动。抗战时期在青鸟剧社、上海剧艺社、同茂剧团、国华剧社任职，编辑《剧场艺术》月刊，成为"孤岛四大导演"之一。抗战胜利后任上海市立戏剧实验学校、南京国立戏剧专科学校教授。1950年起历任华东军政大学文艺系副主任、上海科教电影制片厂副厂长、上海戏剧学院副院长和导演系主任。长期从事戏剧教学工作，同时致力于戏剧、电影编导的创作与理论研究，擅长旧体诗词写作。主要编导作品有《雷雨》、《山河泪》、《名优之死》、《戏剧春秋》、《乱世风光》、《小桥流水人家》，主要著作有《导演全程经纬录》、《仞之艺文集》，诗集《弄墨余钞》。

吴彷之　戏剧学家

姜亮夫 古文献学家

姜亮夫（1902 年—1995 年），古文献学家。1926 年考入北京师范大学国文研究所攻读，又入清华大学国学研究院学习。先后在大夏大学、暨南大学、中国公学、复旦大学、河南大学任教授。1935 年赴法国巴黎大学进修。1937 年回国后历任东北大学国文系主任、云南大学文法学院院长、英士大学文理学院院长。1952 年在云南省博物馆任职。1953 年起任杭州大学中文系主任、古籍研究所所长。毕生致力于中国历史文献学的教学与研究，专长于楚辞学、敦煌学、古汉语、古史、古文献诸学科领域的研究及古籍整理。主要著作有《中国声韵学》、《历代名人年里碑传综表》、《古文字学》、《瀛涯敦煌韵辑》、《楚辞书目五种》、《楚辞通故》、《重订屈原赋校注》、《敦煌学论文集》、《古史论文集》。

萧娴（1902年—1997年），书法家。自幼随其父萧铁珊学习书法、诗文，被誉为"粤海神童"，1916年考入广州美术专科学校学油画，1918年加入广州书法社。1922年起师从康有为，在上海参加青年书画会。曾任汕头市立女中国文教员，又辗转于香港、东北、成渝，抗战胜利后定居南京。1950年代起历任江苏美术馆一级美术师，江苏省文史研究馆馆员，江苏省书法家协会副主席。毕生致力于书法艺术实践，崇尚碑学，风格独特，为"金陵四家"之一；亦雅好治印、抚琴、写梅和吟诗。主要著述有《庖丁论书》、《百年吞吐百年创造》，代表作有《临写散氏盘册页》、《节临石门颂》、《节临石门铭》、《临碣石颂》，出版《萧娴书法选》、《石门颂萧娴临本》、《萧娴先生书法集》。

萧　娴　书法家

钟敬文 民俗学家

钟敬文（1903年—2002年），民俗学家。1922年毕业于陆安师范学校。曾在岭南大学、中山大学和浙江大学文理学院任教。1934年赴日本早稻田大学文科研究院攻读神话学、民俗学。抗战时期在四川从事抗日宣传工作，后任中山大学、香港达德学院教授。1949年起在北京师范大学执教，历任中国民间文化研究所所长，中国民间文艺家协会主席，中国民俗学会理事长。自1920年代初从事新诗、散文写作及民间故事、歌谣的辑录，参与组织民俗学会，编辑有关刊物和丛书，专攻民俗学和民间文艺学。主要著作有《荔子小品》、《西湖漫拾》、《民间文艺谈薮》、《关于鲁迅的论考与回想》、《钟敬文民间文学论集》、《钟敬文文集》，合译《印欧民间故事型式表》，主编《民间文学概论》。

贺绿汀（1903 年—1999 年），音乐学家。1923 年考入长沙岳云学校艺术专修科，攻读绘画与音乐。曾任邵阳县中、县立师范教员，参加湖南农民运动和广州起义，创作《暴动歌》。1931年在上海音乐专科学校就读，开始进入电影界为左翼影片作曲。1937 年参加上海抗日救亡演剧一队，后在重庆育才学校任教。1943 年赴延安筹建中央管弦乐队。1945 年后在华北大学执教。1950 年代起一直在上海音乐学院担任院长。毕生致力于音乐艺术创作、音乐理论研究及音乐教育事业，主要作品有歌曲《游击队歌》、《嘉陵江上》，钢琴曲《牧童短笛》、《摇篮曲》，管弦乐《森吉德玛》、《晚会》，出版著作有《贺绿汀音乐论文选集》、《贺绿汀全集》，译作《和声学理论与实用》。

贺绿汀　音乐学家

巴金（1904年—2005年），作家。1921年在成都外语专门学校肄业。1923年在上海、南京读书。1927年赴法国留学，开始文学写作与翻译。1929年回国后投身于文学活动，从事文学书刊的编辑出版，先后任上海文化生活出版社、平明出版社总编辑及《文学季刊》编委，曾主编《文艺月报》、《烽火》、《收获》、《上海文学》，历任上海作家协会主席，上海文联主席，中国文联副主席，中国作家协会主席等职。长期从事文学写作，长于小说创作；著译颇丰，影响广泛。主要作品有《灭亡》、《爱情三部曲》、《激流三部曲》、《抗战三部曲》、《春天里的秋天》、《憩园》、《寒夜》、《随想录》、《再思录》，译作《伦理学的起源和发展》、《父与子》、《处女地》、《往事与随想》等，另有《巴金全集》、《巴金译文全集》。

巴 金 作家

沈建中摄影

李霁野（1904年—1997年），翻译家。1923年考入北京崇实中学读书。1925年进入燕京大学就读。1929年起先后在孔德学校、河北女子师范学院、辅仁大学、复旦大学、白沙女子师范学院、台湾大学执教，曾任台湾省编译馆编纂。1949年开始历任南开大学外语系主任，天津市文化局局长，天津市文联主席。早年结识鲁迅，参加未名社，长期致力于文学翻译与编辑活动，写作小说、散文、诗歌和评论，并从事鲁迅研究。主要著作有《影》《近代文学批评断片》《海河集》《回忆鲁迅》《鲁迅先生与未名社》《妙意曲》，译作有《往星中》《被侮辱与被损害的》《简爱自传》《四季随笔》《战争与和平》《文学与革命》《上古的人》《多米尼加共和国史》，另出版有《李霁野文集》。

李霁野　翻译家

沈建中摄影
顾廷龙题

吕叔湘（1904 年—1998 年），语言学家。1926 年毕业于南京国立东南大学外国语文系。1936 年考取公费赴英国留学，先后就读于牛津大学人类学系和伦敦大学图书馆学科。1938 年回国后曾任云南大学、华西协和大学、金陵大学、中央大学、清华大学教授。1952 年开始在中国社会科学院语言研究所担任研究员、所长，历任中国哲学社会科学学部委员，中国文字改革委员会副主任，中国语言学会会长，《中国语文》主编。毕生致力于汉语语言学与语文教育的研究，尤其对现代汉语语法、汉语历史语法有着深刻研究。主要著作有《中国文法要略》、《汉语语法论文集》、《中国人学英语》、《语文散论》，合著《语法修辞讲话》，主编《现代汉语八百词》，另有《吕叔湘译文集》、《吕叔湘全集》。

吕叔湘　语言学家

顾廷龙 图书馆事业家

顾廷龙（1904年—1998年），图书馆事业家。1931年从上海持志大学国文系毕业，获文学学士学位。1932年在北京燕京大学研究院获文学硕士学位后，即投身于我国图书馆事业，曾任燕京大学图书馆中文采访部主任。1939年在上海参与创办私立合众图书馆，任总干事、董事。1949年后历任上海市历史文献图书馆馆长，上海图书馆馆长等职。毕生从事文献学、古文字学和古籍版本目录学的研究，致力于家谱、朱卷、日记、手札及古籍稿本、批校本的搜集整理，擅长书法艺术。主要著作有《吴愙斋先生年谱》、《章氏四当斋藏书书目》、《古匋文香录》，合著《明代版本图录初编》、《尚书文字合编》，主编《中国丛书综录》、《中国古籍善本书目》，还有《顾廷龙书法选集》、《顾廷龙文集》。

夏征农（1904 年—2008 年），文学评论家。1925 年秋考入南京金陵大学就读。1927 年参加"八一"南昌起义后，在上海复旦大学中文科读书。1933 年参加中国左翼作家联盟，为左联后期领导成员之一。曾编有《海上青年》、《春光》、《读书生活》、《太白》、《新认识》等刊物。1935 年在桂林师专任教。抗战期间参加新四军。长期担任宣传和文教领导工作，始终致力于文学创作，早期主要写小说、散文，后专于文学评论和诗词写作，同时主编《辞海》。主要著作有《结算》、《野火集》、《文学问答集》、《征农文学创作集》、《我说了些什么》、《征农诗词选》，参与创作历史剧《甲申记》，编著《鲁迅研究》、《现阶段的中国思想运动》，译著《哲学思想之史的考察》、《不是没有笑》(合译)，另出版有《夏征农文集》。

夏征农　文学评论家

常任侠 艺术史学家

常任侠（1904年—1996年），艺术史学家。1922年进入南京美术专科学校求学，1931年在中央大学文学院毕业即留校任教。1936年毕业于日本东京帝国大学，回国后在重庆任中英庚款艺术考古员，又在长沙参与编辑《抗战日报》，加入中华全国文艺界抗敌协会。历任南京艺专、昆明东方语专、印度国际大学、北平艺专教授。1950年起任中央美术学院教授、图书馆馆长等职。早期从事诗歌与戏剧活动，后长期致力于东方各国艺术史研究以及艺术考古。主要著作有《东方艺术丛谈》、《中国古典艺术》、《中国舞蹈史话》、《汉画艺术研究》、《印度及东南亚美术发展史》、《丝绸之路与西域文化艺术》、《民俗艺术考古论集》、《常任侠文集》，合译《日本绘画史》，诗集《毋忘草》、《红百合诗集》。

薛暮桥　经济学家

薛暮桥（1904年—2005年），经济学家。1918年考入江苏省立第三师范学校，1920年因家庭贫困辍学而投考沪杭甬铁路练习生。曾在无锡任小学教员，在南京任《民众周报》编辑。1932年在上海参加中央研究院社会科学研究所工作，开始从事中国农村经济状况的调查，1934年起主编《中国农村》月刊，参与发起成立上海文化界救国会，在南昌、长沙从事抗日爱国运动。1938年参加新四军。后长期担任我国有关财政经济工作的领导职务，致力于经济学理论研究与实务工作，对统计、计划和物价均有深入研究。主要著作有《中国农村经济常识》、《社会主义经济理论问题》、《旧中国的农村经济》、《我国物价和货币问题研究》、《论中国经济体制改革》、《薛暮桥学术精华录》、《薛暮桥回忆录》。

孙大雨（1905年—1997年），翻译家。1922年考入清华学校高等科，1926年赴美国留学，就读于达德穆斯学院获文学学士学位，1928年又入耶鲁大学研究院文学系攻读。1930年起历任武汉大学、北京师范大学、北平大学女子文理学院、北京大学、青岛大学、浙江大学、暨南大学、重庆中央政治学校、复旦大学、华东师范大学教授。早在1920年就开始发表文学作品，擅长诗歌创作，是"新月派"的代表诗人；后长期从事外国文学研究活动，尤专于莎士比亚作品的翻译与研究，同时致力于英文诗的中译以及楚辞、唐诗等的英译。主要著作有《精神与爱的女神》、《自己的写照》、《孙大雨诗文集》，出版有翻译莎士比亚剧作多部以及其他文学作品，还有《屈原诗选英译集》、《古诗文英译集》。

孙大雨　翻译家

朱维之　外国文学研究家

朱维之（1905年—1999年），外国文学研究家。1924年毕业于温州师范学校。1928年任上海青协书局编译员。1930年赴日本留学。1932年回国后在福建协和大学中文系执教，主编《福建文化》。1936年在上海沪江大学任中文系教授、主任。1952年起在天津南开大学执教，历任外国文学教研室主任、中文系主任。早年即开始文学写作，长期致力于外国文学研究与翻译，对中国文艺思潮有深入研究。主要著作有《中国文艺思潮史略》、《基督教与文学》、《文艺宗教论集》、《弥尔顿和他的三大诗作》、《圣经文学十二讲》、《中国文艺思潮史稿》，译著《聪明误》、《宗教滑稽剧》、《复乐园》、《失乐园》、《弥尔顿诗选》，还主编《外国文学史·欧美部分》、《外国文学史·亚非部分》、《希伯来文化》等。

李丁陇　美术家

李丁陇（1905年—1999年），美术家。早年曾在中原艺术学校、上海新华艺术专科学校、上海美术专科学校学艺。先后担任《艺阵》月刊社社长兼主编、中华艺术专科学校校长、陕西省立商业专科学校教授，以及上海学院、上海商专和上海师范学院教授。1937年秋远赴敦煌莫高窟临摹壁画，历时九个月，成为第一个到敦煌探艺的中国画家。1941年，他吸取敦煌壁画精华，创作长四十余尺的长卷《极乐世界图》。老年时期创办"八法草堂"，并完成"八法草堂"壁画。长期致力于莫高窟历代画法的研究，专攻诗书画印，尤擅绘长卷。代表作有《黄泛写真图》、《赣江行迹图》、《开国大典》、《双百图》、《黄泛区新貌》、《和平世界图》、《战洪图》，还有《成吉思汗远征图》、《二万五千里长征图》。

施蛰存（1905 年—2003 年），作家。1922 年考入杭州之江大学，参与组织兰社，又入上海大学、大同大学、震旦大学法文特别班就读。1927 年后曾任中学教员、水沫书店和现代书局编辑，编辑《无轨列车》《新文艺》，主编《现代》《文艺风景》《文饭小品》及《中国文学珍本丛书》。1937 年起在云南大学、厦门大学、江苏学院、暨南大学、光华大学、沪江大学、大同大学任教。1952 年后在华东师范大学执教。早期从事文学创作，后侧重古典文学研究、外国文学编译和金石学考索，主要著作有《梅雨之夕》《将军的头》《灯下集》《唐诗百话》《唐碑百选》《北山谈艺录》《云间语小录》，译著有《妇心三部曲》《域外诗抄》《轭下》，主编有《中国近代文学大系·翻译文学集》《外国独幕剧选》。

施蛰存　作家

胡絜青　美术家

胡絜青（1905 年—2001 年），美术家。早年即有志于美术和文学事业，学生时期曾师从画坛数位名家。1931 年从北平师范大学国文系毕业后赴济南、青岛做中学教员，又在北平师范大学附中、重庆北碚女子师范学院、北碚乡村建设学院执教，曾任北碚国立编译馆通俗读物编审。1950 年在北京拜齐白石为师研习中国画，1958 年起任北京画院画师。老年时期专于老舍遗著的整理和编辑工作，编辑出版《老舍生活与创作自述》、《老舍剧作全集》。长期致力于中国画的传统技法研究与创作实践，尤长于绘画花卉翎毛，其代表作品有《月季》、《银星海棠》、《百菊图》以及创作邮票《菊花》一套。主要作品有《絜青画册初集》、《胡絜青画集》等多种，还有散文集《散记老舍》、《热血东流》。

袁晓园（1905 年—2003 年）[生于 1905 年转引自《文汇报》1996 年 1 月 31 日]，语言文字学家。幼承家学，习诗文、学书画。早年在南京任江苏省政府农矿厅秘书，1930 年赴法国，就读于国立都鲁士大学经济系、巴黎政治学院外交系，并在巴黎大学攻读语言学。1940 年代担任南京政府欧洲司专员和中国驻印度加尔各答副领事，主管华侨文教。1950 年代在美国任中国语文学会会长，在纽约市大学任教，继在联合国总部工作，并推行我国公布的汉语拼音方案。1980 年在北京参与发起成立汉字现代化研究会，出任会长。1985 年回国定居。长期从事中国语言文字研究，曾创制《汉字现代化方案》，创建北京晓园语文与文化科技研究所，创办《汉字文化》杂志，主编有《文字与文化》丛书十种，出版有《晓园作品选》。

袁晓园　语言文字学家

曹安和 音乐学家

曹安和（1905 年—2004 年），音乐学家。1929 年从国立北平大学女子文理学院音乐系毕业后就留校任教，兼任国立北平大学艺术学院讲师，又任故宫博物院古乐器审音员。1943 年起出任南京国立音乐院教授。1950 年代起在中央音乐学院、中国艺术研究院音乐研究所任教授、研究室主任、顾问。自早年投身于音乐理论的学术研究与教学，长期从事中国传统音乐学、古代音乐史的研究及民族音乐、民间乐曲的搜集与整理，专于民族乐器演奏和教学，擅长琵琶演奏和昆曲演唱；与杨荫浏同为阿炳及其《二泉映月》的发现、记录者。主要著作有《时薰室琵琶指径》、《民族器乐独奏曲选》，合著《文板十二曲琵琶谱》、《弦索十三套》、《定县子位村管弦曲集》、《苏南十番鼓曲》、《关汉卿戏曲乐谱》、《西厢记四种乐谱选曲》。

舒 同 书法家

舒同（1905年—1998年），书法家。自幼即开始练字，酷爱书法艺术，十三岁因书"如松柏茂"匾享有乡誉。曾就读于尚志学校，1920年考入江西省立第三师范学校，组织"学友会"，编辑《师水声》杂志。1925年发表《中华民国之真面目》，此后在各个时期撰写大量文章，其中有《致东根清一郎书》《献给专案组的新年贺词》。在长期的革命戎马生涯中，致力于我国军事科学实践与理论研究的同时，坚持研习书法，成为"红军书法家"。一生擅写各种书体，尤专于行书，采萃诸家，自成一格，书写的唐诗、宋词和毛泽东诗词，被誉为"舒体"的代表作品。在历年担任诸多重要的领导职务中，曾当选中国书法家协会主席。出版有《舒同字帖》《舒同书法艺术》《舒同书法集》。

楼适夷　作家

楼适夷（1905 年—2001 年），作家。早年投身于文学事业，为太阳社成员。1928 年在上海艺术大学就读，后赴日本留学。1931 年回国后参加中国左翼作家联盟，编辑《前哨》、《文艺新闻》。抗战时期为中华全国文艺界抗敌协会理事，编辑《文救周刊》、《文艺阵地》和《新华日报》副刊。抗战胜利后编辑《时代日报》副刊和《中国作家》、《小说》月刊。1952 年起历任人民文学出版社副总编、副社长、顾问，《译文》编委，创办《新文学史料》。毕生从事文学创作和编辑出版活动，尤专于外国文学翻译，主要作品有《盐场》、《挣扎》、《活路》、《病与梦》、《话雨录》、《适夷诗存》、《风尘草》、《适夷散文选》，译著《科学的艺术论》、《契诃夫、高尔基通信集》、《彼得大帝》、《在人间》、《意大利故事》。

沈建中摄影
顾廷龙题

雷洁琼（1905年—2011年），社会学家。1931年获得美国南加利福尼亚大学社会学系硕士学位。回国后曾任中正大学、东吴大学、震旦女子文理学院、燕京大学教授。1945年参与创建中国民主促进会。1950年代起在担任一系列组织领导及学术职务的同时，出任北京政法学院副教务长，北京大学国际政治系和社会学系教授等职。从青年时代就致力于社会学研究的学术事业，专长于应用社会学与社会学应用的理论研究、教学与著述。主要著作有《中国家庭问题研究讨论》、《三十年妇女运动的检讨》、《中国婚姻家庭》、《社会学与社会政策》、《对生长于美国的华人的一项研究》，译著《一七八三年孟加拉的农民起义》，主编《改革以来中国农村婚姻家庭的新变化》，另出版有《雷洁琼文集》。

雷洁琼　社会学家

蔡尚思（1905年—2008年），历史学家。1928年毕业于北京大学国学研究所，1929年在上海大夏大学任讲师，1930年起任复旦大学、华中大学、沪江大学、光华大学、东吴大学、无锡国学专修学校等校教授。1949年后任沪江大学副校长和代校长，1952年开始历任复旦大学历史系主任、副校长，国家古籍整理出版规划小组顾问等职。长期致力于中国思想史、文化史诸方面的理论研究与教学活动，尤长于对以孔子为代表的中国传统文化思想体系的学术研究。主要论著有《中国思想研究法》、《中国传统思想总批判》、《中国文化史要论》、《孔子思想体系》、《王船山思想体系》、《中国近现代学术思想史论》、《中国古代学术思想史论》、《周易思想要论》，出版有《蔡尚思自传》、《蔡尚思自选集》。

蔡尚思　历史学家

臧克家　作家

臧克家（1905 年—2004 年），作家。1923 年在济南省立第一师范学校就读，1927 年考入中央军事政治学校武汉分校。1934 年毕业于山东大学中文系。抗战爆发后奔赴前线从事抗日文化宣传工作，加入中华全国文艺界抗敌协会。抗战胜利后曾主编《侨声报》副刊、《文讯》月刊、《创造诗丛》。1949 年起历任华北大学文艺学院研究员，《新华月报》编委，人民出版社编审，中国作家协会书记处书记和名誉副主席，《诗刊》主编。自 1929 年发表新诗以来，长期从事文学写作，专长于诗歌创作与理论研究。主要作品有诗集《烙印》、《罪恶的黑手》、《自己的写照》、《运河》、《臧克家旧体诗稿》，小说集《挂红》、《拥抱》，散文《怀人集》、《青柯小朵集》，论著《学诗断想》、《诗与生活》，另有《臧克家文集》。

沈建中摄影

顾廷龙题

王季思（1906 年—1996 年），古典文学研究家。1925 年考入南京东南大学中文系，1929 年毕业于中央大学中文系后，曾在浙江、安徽、江苏担任中学教员，抗战爆发后组织宣传队深入浙南山区，从事抗日救亡活动。1940 年代曾在浙江大学龙泉分校、杭州浙江大学、之江大学文理学院执教。1948 年起在中山大学任教，历任中文系主任、中国古文献研究所所长。早期专写杂文和诗歌，后长期致力于中国文学史和古典戏曲史的学术研究，专于对元人杂剧的考证与研究。主要著作有《击鬼集》、《越风》、《西厢五剧注》、《桃花扇校注》、《元杂剧选注》、《玉轮轩曲论》、《玉轮轩古典文学论集》，主编《全元戏曲》、《中国十大古典悲剧集》、《中国十大古典喜剧集》，合编《中国文学史》。

王季思 古典文学研究家

申石伽（1906 年—2001 年），书画家。幼承家传，学诗文习书画。早年在两浙盐务中学读书。1922 年加入中国美术会，组织第一届杭州画展，1925 年参与组织西泠书画社。1926 年中国美术刊行社出版《申石伽山水扇册》。抗战时参加上海爱国筹募前线将士慰劳金活动。1940 年问苍山房出版《石伽十万图山水画册》，颇受艺林推重。1945 年后在沪、杭小留青馆书画社执教。1950 年代起曾在上海京剧院、上海越剧院任教，历任上海工艺美术学校教授，浙江文史研究馆名誉馆员，上海市文史研究馆馆员。毕生从事中国画创作，尤擅山水梅竹，素有"竹王"、"石伽竹派"之称；专于书画理论和技法研究，主要著作有《山水画基础技法》、《墨竹析览》、《申石伽山水竹石技法》、《西泠石伽题画诗词》。

申石伽　书画家

匡亚明　教育学家

匡亚明（1906年—1996年），教育学家。1924年在苏州第一师范学校就读，1926年考入上海大学中文系。长期担任宣传理论和高等教育的领导职务，曾任《日日新报》主编，《大众日报》社长、总编辑。自1950年代起历任华东政治研究院院长，吉林大学校长，南京大学校长，国家古籍整理出版规划小组组长，中国孔子基金会会长。早期曾从事文学创作和评论，撰写大量社论和政论文章，主要从事马克思主义理论研究、教育理论与实践及国家古籍整理出版工作，专于中国传统思想文化与历史的研究。主要著作有《绿叶》、《郁达夫印象记》、《社会之解剖》、《随园女弟子诗选》、《血祭》、《学习列宁的风格》、《孔子评传》、《求索集》，译著《列宁论农村工作》，主编《中国思想家评传丛书》。

陈伯吹　作家

陈伯吹（1906年—1997年），作家。大夏大学高等师范科肄业，1922年起做小学教员，1929年任上海幼稚师范学校教师，曾任北新书局编辑、儿童书局编辑部主任，主编《小学生》、《儿童杂志》、《常识画报》、《小小画报》。1943年起在重庆国立编译馆、复旦大学任职。1946年组织上海儿童文学工作者联谊会，主编《小朋友》和《现代儿童》。1950年代起历任大夏大学高等师范专科主任，中华书局和人民教育出版社编审，上海作家协会副主席，少年儿童出版社副社长。毕生致力于儿童文学创作和理论研究，主要作品有《阿丽思小姐》、《波罗乔少爷》、《幻想张着彩色的翅膀》、《骆驼寻宝记》，论著《儿童故事研究》、《儿童文学简论》，译著有《渔夫和金鱼的故事》、《绿野仙踪》、《小夏蒂》。

周有光 语言文字学家

周有光（1906 年—2017 年），语言文字学家。早年就读于上海圣约翰大学和光华大学，毕业后在光华大学、江苏教育学院、浙江教育学院执教，又供职江苏银行、新华银行，1946 年起由新华银行派驻纽约、伦敦工作。1949 年回国，先后任复旦大学、上海财经学院教授，从事经济学研究与教学。1956 年起在中国文字改革委员会和国家语言文字工作委员会任委员，并任中国社会科学院语言文字应用研究所研究员、中国社会科学院研究生院教授。自 1920 年代起致力于语言学研究，参加拉丁化新文字运动，对汉语拼音研究与普及颇有建树。主要著作有《中国拼音文字研究》、《汉字改革概论》、《语文风云》、《语文闲谈》、《世界文字发展史》、《比较文字学初探》、《新时代的新语文》、《新中国的金融问题》。

094

钱君匋（1906 年—1998 年），美术家。1924 年从上海艺术师范学校毕业，曾任中学、大学的美术和音乐教师，先后在开明书店、神州国光社、文化生活出版社担任美术编辑，又任广州文化生活出版社编辑，上海万叶书店经理，主编《文艺新潮》等。1950 年代起历任上海新音乐出版社总编辑，北京人民音乐出版社副总编，上海文艺出版社编审，西泠印社副社长等职。毕生致力于音乐创作、书画篆刻和书籍装帧设计，是我国新文艺书籍装帧艺术开拓者之一，同时兼及诗、散文的写作和明清书画鉴赏收藏。主要著作有《水晶座》、《素描》、《战地行脚》、《春梦痕》、《冰壶韵墨》、《西洋美术史讲话》、《钱刻鲁迅笔名印集》、《君匋书籍装帧艺术选》、《中国铁印源流》、《钱君匋印跋书法选》、《钱君匋画集》，主编《李叔同》。

钱君匋 美术家

傅振伦 历史学家

傅振伦（1906年—1999年），历史学家。1929年从北京大学历史学系毕业后，曾任北京大学研究所考古学会助教，故宫博物院科员并派赴伦敦和莫斯科办中国艺术展览，重庆北碚修志馆馆长，东北中正大学历史系主任，南开大学教授，北京大学教授。1950年代起在中国历史博物馆任研究员和保管部主任，还任中华书局编辑，北京市文物调查研究组主任，故宫博物院学术委员等职。毕生致力于历史学、方志学、金石学、考古学、博物馆学、文献学、陶瓷学、民俗学的研究。主要著作有《英汉双解世界语基本字典》、《刘知几年谱》、《中国史学概要》、《中国方志学通论》、《博物馆学概论》、《孙膑兵法译注》、《中国史志论丛》、《中国古瓷器论丛》、《博物馆学概论》、《傅振伦文录类选》。

沈建中攝影
顧廷龍題

黄源（1906 年—2003 年），作家。早年赴日本留学，1929 年回国后在上海从事文学翻译与编辑活动，担任《文学》月刊助编；1934 年协助鲁迅编辑《译文》《译文丛书》。1937 年参与编辑《鲁迅先生纪念集》和抗战文艺刊物《呐喊》《烽火》。1938 年加入新四军，编辑《抗敌》杂志，主编《抗敌报》副刊、《新四军一日》和《新四军抗敌丛书》，曾任浙东鲁迅学院院长、华东大学文学院院长。1950 年后历任中国作家协会浙江分会主席、浙江省文联副主席等职。主要译作有《结婚的破产》、《三人》、《将军死在床上》、《日本现代短篇小说译丛》、《高尔基代表作》、《屠格涅夫生平及作品》，著有《随军杂记》、《忆念鲁迅先生》、《在鲁迅身边》，合编昆曲《十五贯》。

黄　源　作家

戴家祥（1906年—1998年），历史学家。1926年考入清华大学国学研究院，师从王国维研治经学与古文字学，开始对金文、甲骨文作专门研究，1927年在清华学报《国学论丛》、中山大学《历史语言周刊》发表论文。1931年毕业后历任浙江省立杭州高等学校教员，中山大学副教授，南开大学经济研究所研究员，四川大学副教授，英士大学副教授。1952年起任华东师范大学历史系教授。毕生从事历史学和古文字学的学术研究，尤其擅长钟鼎文字的考证和整理。主要著述有《释甫》、《释千》、《释百》、《释皀》、《虔字说》、《评郭沫若〈古代铭刻汇考〉》、《评容庚〈金文编〉》、《评黄文弼〈高昌陶集〉》、《甲骨文的发现及其学术意义》、《先秦声韵通析》，主编《金文大字典》。

戴家祥　历史学家

于伶（1907年—1997年），作家。1926年在苏州第一师范学校读书时参加进步戏剧运动。1931年考入北平大学法学院，加入中国左翼作家及戏剧家联盟，创办《戏剧新闻》。1933年在上海从事戏剧界救亡组织工作。抗战爆发后留守"孤岛"，组织领导青鸟剧社、上海艺术剧院、上海剧艺社和《剧场艺术》月刊，又在香港和内地从事爱国影剧活动，曾任昆仑影业公司编剧。1950年起历任上海电影制片厂厂长，上海市文化局局长，上海作家协会主席，中国戏剧家协会和电影家协会副主席。毕生致力于电影戏剧的剧本创作、剧作评论以及翻译，主要剧作有《夜光杯》、《女子公寓》、《夜上海》、《大明英烈传》、《长夜行》、《七月流火》、《聂耳》，出版有《于伶剧作选》、《于伶戏剧电影散论》、《于伶诗选》。

于　伶　作家

邓广铭（1907年—1998年），历史学家。1923年在山东第一师范学校读书。1931年入辅仁大学英语系，曾记录周作人演讲《中国新文学的源流》。1936年从北京大学史学系毕业留校任教。1937年起在北平图书馆、西南联大和中央研究院历史语言研究所从事研究。1943年在重庆复旦大学任教。1946年后在北京大学历史学系执教，历任中国古代史教研室主任、系主任、中国中古史研究中心主任，曾任国务院学位委员会评议组成员，国家古籍整理出版规划小组成员等职。毕生从事中国古代史的研究与教学，致力于隋唐五代宋辽金史及宋代典籍文献整理研究。主要著作有《陈龙川传》《韩世忠年谱》《岳飞传》《王安石》《宋辽金史纲要》《稼轩词编年笺注》《邓广铭治史丛稿》。

邓广铭　历史学家

邓季惺 新闻事业家

邓季惺（1907年—1995年），新闻事业家。1933年夏毕业于北平朝阳大学法律系，早年即投身于妇女运动，参与创办《新妇女》周刊。1935年在南京、镇江做专职律师。1936年起参加《新民报》的办报工作，与《新民报》创始人陈铭德一起将1920年代末创刊的这张民营小报，发展成为抗战胜利后具有"五社八版"规模的民间报业集团，曾任南京新民报社副经理，又先后出任成都、重庆、南京、北平的新民报社经理。1950年起历任西南军政委员会委员，北京日报社顾问，北京市民政局副局长，民建中央常委，北京市第六届政协副主席，首都女新闻工作者协会名誉会长，并任全国政协委员等职。毕生致力于新闻报业经营管理和理论研究以及社会政治活动。合著有《新民报二十年》。

叶浅予　美术家

叶浅予（1907年—1995年），美术家。1922年在杭州盐务中学读书时就参加美术活动。1926年考入上海三友实业社，开始创作连环漫画，以《王先生》、《小陈留京外史》驰名。1937年担任抗敌漫画宣传队领队，曾赴南京、武汉及江西、湖南、广西、香港等地，从事抗日救亡宣传，编辑《今日中国》。1942年后致力于中国人物画创作及速写，1943年访问印度，并在美国举办画展。1947年回国后在北平艺术专科学校任教。1954年出任中央美术学院教授、中国画系主任，并任中国美术家协会副主席，中国画研究院副院长等职。主要作品有《逃出香港》、《旅程画眼》、《中华民族大团结》、《西藏高原舞姿》、《富春山居新图》、《自画自唱》，出版画集多种及《怎样画速写》。

吴一峰（1907年—1998年），美术家。1924年秋从上海澄衷中学高中毕业后，即考入上海美术专科学校中国画系就读，师从黄宾虹、刘海粟、郑午昌、潘天寿诸名家，参加蜜蜂画会。1926年毕业后曾任教员。1932年随黄宾虹入川讲学、写生，曾在成都东方美专、南虹艺专、西南美专执教。1956年起先后在四川省文联美术工作室、四川省文化局美术工作室、四川省博物馆、四川省群众艺术馆、成都画院任职，并任四川省文史研究馆馆员等职。毕生从事中国山水画的创作，性喜游历，注重写生；还擅长书法、篆刻以及诗词和游记的写作。出版有《吴一峰国画选》、《吴一峰画集》、《吴一峰蜀游画集》、《吴一峰山水画集》、《吴一峰九十回顾纪念画集》，另有《远行集》。

吴一峰　美术家

单士元（1907年—1998年），文物学家。1925年考入北京大学历史学系，曾参加清室善后委员会和故宫博物院工作。1929年进入北京大学研究所国学门，攻读历史学、金石学。1933年毕业后在故宫博物院任办事员、科员、编纂，又在中国营造社任编纂，先后在中法大学、中国大学、北平女子文理学院任教授。1950年起历任故宫博物院研究员、建筑研究室主任、副院长。毕生从事文物研究、整理和保护，对古代建筑和明清历史档案均有较深研究。主要著述有《清代起居注考》、《明代建筑大事年表》、《清代建筑大事年表》、《故宫史话》、《整理清代实录记》、《故宫博物院文献馆所藏档案的分析》、《明清档案论文选编》、《小朝廷时代的溥仪》、《故宫札记》、《我在故宫七十年》。

单士元　文物学家

郑效洵 外国文学研究家

郑效洵（1907年—1999年），外国文学研究家。早年参加文学社团"狂飙社"，1925年入北京大学就读。1938年在上海做中学教员，并任读书生活出版社编辑，参与我国首部《资本论》全译本的编辑出版工作；曾主持民声书店，编辑出版《鲁迅书简》。1948年又任三联书店编辑部副主任，1950年在北京任三联书店编审部副主任。1951年参加创办人民文学出版社，先后任总编室和欧美文学出版室主任、副总编辑，主持《外国文学作品丛书》、《外国文艺理论丛书》、《莎士比亚全集》等的编辑出版。1973年起历任北京图书馆图书采选委员会主任和学术顾问。毕生从事编辑出版和版本索引工作，专长于外国文学研究、编译和出版。主要译著有《谜样的性情及其他》、《够了及其他》、《绿的猫儿》。

赵朴初（1907年—2000年），宗教学家。早年就读于东吴大学。曾任上海佛教会主任秘书，1936年发起成立中国佛教护国和平会，担任总干事。抗战期间出任上海慈善团体联合救灾会救济战区难民委员会常委兼难民收容股主任、上海净业教养院院长。1945年参与发起组织中国民主促进会。1950年代起，历任华东军政委员会民政部副部长兼生产救灾委员会副主任，中国佛教协会会长，中国佛教学院院长，中国书法家协会副主席，全国政协副主席。毕生致力于佛学研究、社会救济慈善活动以及国际和平事业，专于佛教典籍与哲学思想的学术研究，擅长诗、词、曲和书法艺术。主要著作有《滴水集》、《片石集》、《佛教常识答问》、《佛教与中国文化的关系》、《赵朴初诗词曲手迹选》。

赵朴初　宗教学家

赵铭彝 戏剧学家

赵铭彝（1907年—1999年），戏剧学家。早年在大夏大学、上海大学就读，1928年入南国艺术学院学习，参加南国社，又组织摩登社，创办《摩登月刊》。1930年参与发起中国左翼戏剧家联盟。1936年在重庆任《新蜀报》、《民主报》编辑。1938年任中华全国戏剧界抗敌协会理事。1943年参与组织中国艺术剧社。1946年在成都出任《民众时报》、《华西晚报》总编辑。1949年后任西南文联常委，中华戏剧专科学校校长。历任上海戏剧学院教授、院务委员、文艺理论教研室主任，曾参加编纂《田汉文集》。毕生从事戏剧活动与教学工作，专于戏剧理论、话剧史研究及外国剧作翻译。主要译著有《在黑暗中》、《苏联的戏剧》、《布莱希特》（合译），主编《左翼戏剧运动史料》、《布莱希特在美国》。

姚荫梅（1907年—1997年），曲艺艺术家。早年就读于上海敬业中学。毕生从事苏州弹词表演艺术实践以及评弹曲目的改编与创作，初期随母也是娥学说评话《金台传》，后投师朱耀祥习艺，1921年登台演出长篇弹词《描金凤》、《玉连环》、《大红袍》，1935年将张恨水的小说《啼笑因缘》改编成弹词表演，深为听众喜爱，长期演出，誉满书坛；1950年代起进入上海评弹团，尤致力于演出《方珍珠》、《义胜春秋》等近现代题材曲目，擅长表演文丑脚色，幽默风趣，亲切动人，而有"巧嘴"之美称；曲调博采众长，风格别具，自成流派"姚调"，享有盛誉。代表唱段有《啼笑因缘·旧货摊》、《林冲·高世德逼婚》、《双按院·杨传定计》等，编著长篇弹词作品出版有《双按院》、《啼笑因缘》。

姚荫梅　曲艺艺术家

潘景郑 版本目录学家

潘景郑（1907年—2003年），版本目录学家。早年师从吴梅、俞粟庐习词曲，参加道和昆曲社；又从章太炎学经史，耽嗜图书金石。1935年在苏州任章氏国学讲习会讲师，编辑《制言》杂志，加入考古学社。曾任上海太炎文学院教务主任，后转入合众图书馆主持古籍编目。历任上海图书馆研究馆员，华东师范大学图书馆系兼职教授，《中国古籍善本书目》编委会顾问，《词学》编委。长期从事图书馆古籍整理，专于明史、版本目录和金石学，同时致力于古典文学研究与教学，工词章、擅书法，富藏古籍善本、金石墨拓、名砚古物。主要著作有《著砚楼书跋》、《著砚楼辑佚书》、《词律校导》、《元明诗翰》、《寄沤剩稿》、《日知录补校》、《说文古本再考》、《著砚楼读书记》，合编《明代版本图录》。

苏渊雷（1908 年—1995 年），文史学家。1922 年考入浙江第十师范学校读书。曾任上海世界书局编辑，参与创办新知书店，加入救国会并接任《抗战周报》编辑，后辗转重庆等地，先后在立信专科学校、中央政治学校任教。1946 年在上海任中华工商专科学校教授。1950 年开始历任华东高教处和文管会秘书，华东财委会计划部专员，华东师范大学教授。1958 年调至哈尔滨师范学院任教。1979 年返沪出任华东师范大学历史系教授，上海佛教协会副会长。长期从事古典文学、历史学和哲学的研究与教学，长于佛学研究，整理标点禅宗典籍《五灯会元》，还工诗词擅书法。主要著作有《易学会通》、《名理新论》、《读史举要》、《佛学与中国传统文化》、《中国禅学史》、《钵水斋文史论丛》、《苏渊雷文集》。

苏渊雷　文史学家

吴作人 美术学家

吴作人（1908年—1997年），美术学家。1926年考入苏州工业专科学校建筑系，又先后就读于上海艺术大学、南国艺术学院美术系和南京中央大学艺术系，师从徐悲鸿，并参加南国革新运动。1930年赴法国巴黎高等美术学校学习，又入比利时布鲁塞尔皇家美术学院白思天院长画室进修，荣获"桂冠生"。1935年起任南京中央大学、成都省立艺专教授。1946年在北平国立艺专出任教务主任和油画系主任。1950年后在中央美术学院任教务长、院长，并任中国美术家协会主席。自早年起致力于油画创作，代表作有《佛子岭水库》、《齐白石像》、《纤夫》、《黄河三门峡》；后期专于中国画创作，擅画熊猫、牦牛、骆驼、鹰、玄鹄。出版有《吴作人作品集》、《吴作人水墨画选》、《吴作人文选》。

沈建中摄影
顾廷龙题

张秀民（1908年—2006年），历史学家。早年就读于嵊县中学、宁波四明中学，后考入厦门大学文学院中文系，从诸名师读书，尤受李雁晴先生影响，始对目录学产生兴趣，并在《国闻周报》发表研究论文。1931年毕业后进入北平图书馆中文编目组，曾任索引股股长。1950年代起历任北京图书馆副研究馆员、参考研究组组长，中国印刷技术协会名誉理事，中国图书馆学会学术委员，浙江图书馆学会顾问等职。长期从事图书馆事业，较早在北京图书馆开展参考咨询业务工作；专于版本目录学、书史，尤致力于中国印刷史和越南史的考证研究。主要著作有《中国印刷术的发明及其影响》、《活字印刷史话》、《中国印刷史》、《安南内属时期职官表》、《张秀民印刷史论文集》，合编《太平天国资料目录》。

张秀民　历史学家

赵家璧（1908年—1997年），编辑出版家。1925年起就读于上海圣约翰大学附中、光华大学附中，1928年考入光华大学英国文学系，1932年毕业后任良友图书公司文艺出版主任，1937年任上海光实中学副校长、《大美画报》主编。1939年任良友复兴图书公司经理兼总编辑。1947年创办晨光出版公司并任经理兼总编辑。1953年任上海人民美术出版社副总编辑，1959年任上海文艺出版社副总编辑，曾任中国出版工作者协会副主席。自早年开始文学写作与翻译，毕生致力于图书编辑出版事业，主编有《中国新文学大系》《一角丛书》《良友文学丛书》《晨光文学丛书》《万有画库》，著有《编辑生涯忆鲁迅》《编辑忆旧》《新传统》《书比人长寿》，译著《月亮下去了》《没有祖国的孩子》。

赵家璧　编辑出版家

贾兰坡（1908年—2001年），考古学家。1929年从北京汇文中学毕业后因家贫而自学。1931年考入中国地质调查所做练习生，曾参加中国地质学会和古生物学会。1950年代开始历任中国科学院古脊椎动物与古人类研究所研究员、新生代室副主任、标本室主任、周口店工作站长，中国科学院院士，美国国家科学院外籍院士，第三世界科学院院士，中国考古学会副理事长。1935年起主持周口店发掘，翌年发现三件北京人头骨化石；曾主持蓝田人、丁村人遗址发掘。毕生从事古人类学、石器时代考古学及第四纪地质、古生物等学科的调查与研究，主要著作有《猿人脑发展到现代大脑》、《中国猿人》、《旧石器时代文化》、《中国大陆上的远古居民》、《贾兰坡旧石器时代考古论文选》、《悠长的岁月》。

贾兰坡　考古学家

沈建中攝影
顧廷龍題

钱仲联（1908 年—2003 年），古典文学研究家。1926 年毕业于无锡国学专修学校。曾任上海大夏大学和无锡国学专修学校教授。1950 年代起历任南京师范学院、江苏师范学院教授，苏州大学中文系教授、明清诗文研究室主任、中国近代文哲研究所所长，国家古籍整理出版规划小组成员、顾问，《中国大百科全书·中国文学》编委会副主任等职。长期从事中国古代文学、南北朝史、佛学以及古籍整理的研究与教学，尤长于明清诗文词赋的研究，擅长诗词写作。主要著作有《人境庐诗草笺注》、《韩昌黎诗系年集释》、《鲍参军集注》、《后村词笺注》、《梦苕庵清代文学论集》、《梦苕庵专著二种》、《近代诗举要》、《清文举要》、《剑南诗稿校注》、《梦苕庵诗话》，标校整理《牧斋有学集》，主编《清诗纪事》。

钱仲联　古典文学研究家

缪天瑞（1908年—2009年），音乐学家。1926年毕业于上海中华艺术大学音乐科，曾任音乐教师、钢琴演奏员和音乐刊物编辑。1942年任国立福建音乐专科学校教授、教务主任。1946年起任台湾省交响乐团编辑室主任、副团长。1949年后历任中央音乐学院研究部主任、教务处主任、副院长，天津音乐学院教授、院长，中国艺术研究院音乐研究所研究员，天津市文联和音乐家协会名誉主席，中国律学学会名誉主席。长期致力于音乐教育事业，专长于音乐理论研究。主要著作有《小学音乐教材及教学法》、《律学》、《基本乐理》、《中国音乐史话》，译著有《乐理初步》、《和声学》、《曲式学》、《对位法》、《音乐的构成》，主编《中国音乐词典》、《音乐百科词典》。

缪天瑞　音乐学家

卫俊秀 书法家

卫俊秀（1909年—2002年），书法家。1932年考入山西大学教育学院中文系。抗战爆发后一度在襄陵县参加抗日救亡活动，又从沦陷区流亡至西安从事教学活动。1940年夏在长安王曲黄埔军校第七分校任教，期间开始从事庄子、鲁迅研究并撰写《庄子与鲁迅》。1949年9月起在西安高中执教，写作《漆园文学新论》。1954年起历任陕西师范大学中文系教授，陕西省文史研究馆名誉馆员，山西师范大学客座教授。毕生致力于书法艺术实践与理论研究，长于行草书。主要著作有《蒲剑集》、《鲁迅〈野草〉探索》、《傅山论书法》、《卫俊秀书法选》、《卫俊秀书历代名贤诗文选》、《卫俊秀书法》、《卫俊秀碑帖札记辑注》、《居约心语》、《卫俊秀学术论集》。

王朝闻 艺术学家

王朝闻（1909年—2004年），艺术学家。早年在四川省立第一师范学校攻读美术，1932年在杭州国立艺术专科学校专修雕塑。1937年起在浙江从事抗日宣传活动。1940年后在延安鲁迅艺术文学院、华北联合大学文艺学院执教并从事创作。1950年后历任中央美术学院教授，《人民美术》、《美术》月刊主编，中国艺术研究院研究员、副院长，中国美术家协会副主席，中华美学学会会长，国务院学位委员会学科评议组成员。主要研究领域为文艺学和艺术美学，长期致力于艺术理论研究、文艺评论及雕塑创作。主要著作有《新艺术创作论》、《一以当十》、《审美谈》、《谈戏剧》、《东方既白》、《王朝闻文艺论集》、《王朝闻集》，主编《美学概论》、《中国美术史》，雕塑代表作《民兵》、《刘胡兰烈士像》。

142

白寿彝（1909 年—2000 年），历史学家。1929 年由河南中州大学毕业考入北平燕京大学国学研究所，攻读中国哲学史。1932 年毕业后曾任禹贡学会、国立北平研究院历史研究所编辑。1938 年起在桂林成达师范学校、云南大学、重庆中央大学、南京中央大学执教，参与创办新中国史学会。1950 年代起历任北京师范大学历史系主任、史学研究所所长、古籍研究所所长，《史学史研究》主编，中国教育学会名誉会长，中国民族史学会会长。长期致力于中国通史、史学史、史学理论以及民族史和交通史的学术研究。主要著作有《中国交通史》、《中国史学史》、《历史教育和史学遗产》、《中国伊斯兰教史存稿》、《白寿彝民族宗教论集》、《白寿彝史学论集》，主编《中国通史》。

白寿彝 历史学家

沈建中摄影
顾廷龙题

吕骥（1909年—2002年），音乐学家。早年在上海国立音乐专科学校就读，1932年加入中国左翼戏剧家联盟，曾在救亡歌咏运动中组织"词曲作者联谊会"。1937年赴延安参加筹建鲁迅艺术文学院，任音乐系主任、教务主任和副院长。1939年在华北联大文艺部和音协任职，组织民间音乐研究会。1945年起历任东北鲁艺院长，东北音乐工作团团长。1949年后历任中央音乐学院副院长，中国音乐家协会主席。毕生从事音乐专业的艺术创作、理论研究和教育事业，专于作曲以及民间音乐搜集整理。代表作有《自由神》、《新编九一八小调》、《中华民族不会亡》、《开荒》、《抗大校歌》、《凤凰涅槃》，出版有《陕甘宁边区民歌集》、《山西民歌曲》、《河北民歌集》、《新音乐运动论文集》、《吕骥歌曲选》、《吕骥文选》。

吕　骥 音乐学家

苏秉琦　考古学家

苏秉琦（1909年—1997年），考古学家。1934年毕业于北京师范大学历史系后，在国立北平研究院历史学研究所任副研究员。1949年起任中国科学院考古研究所研究员，兼任北京大学历史系考古专业教授、考古教研室主任。1978年后历任中国社会科学院考古研究所研究员、第三研究室主任、学术委员会委员，中国考古学会副理事长、理事长。自1930年代起长期从事田野调查、考古发掘，先后主持陕西、河南、河北等地新石器时代和商周时期主要遗址的发掘，专于考古类型学理论研究及教学活动。主要著作有《斗鸡台沟东区墓葬》、《瓦鬲之研究》、《苏秉琦考古论述选集》、《华人·龙的传人·中国人——考古寻根记》、《中国通史·第二卷　远古时代》、《中国文明起源新探》。

杨明照　古典文学研究家

杨明照（1909 年—2003 年），古典文学研究家。1936 年从四川大学中文系毕业后，考入燕京大学研究院中国文学部研究生，攻读古典文学专业，1939 年获文学硕士学位。曾在北平燕京大学、中国大学、成都燕京大学执教。后长期在四川大学中文系任教授、中文系主任、汉语言文学研究所所长、古籍整理研究所所长，还任中国古代文学理论学会会长，中国文心雕龙学会副会长，四川省文学艺术界联合会副主席。长期从事中国古典文学研究与教学，专于古代文学理论、文学批评史及古籍的考证校勘，尤其对《文心雕龙》有着深入研究，发表论文颇丰。主要著作有《文心雕龙校注》、《刘子校注》、《文心雕龙校注拾遗》、《抱朴子外篇校笺》、《学不已斋杂著》、《增订文心雕龙校注》。

吴丰培　历史学家

吴丰培（1909年—1996年），历史学家。1930年考入北京大学国学门研究所，1935年毕业后任北平研究院历史学研究会编辑，主编《禹贡》半月刊。曾先后在中国大学、辅仁大学、北京大学、北京师范大学执教，1950年代起历任中央民族学院讲师、副教授，中央民族大学图书馆研究馆员等职，并兼任多种学术职务。毕生从事中国历史地理和图书馆学的学术研究与教学活动，早期专攻明史，后来偏重藏学、中国边疆史地学、版本目录学的研究及古籍整理。主要著作有《清季筹藏奏牍》、《民元藏事电稿》、《丝绸之路资料汇钞》、《平定两金川方略》、《明代援朝史料》、《五边典则》、《清代驻藏大臣传略》、《吴丰培边事题跋集》、《清代新疆稀见奏牍汇编》、《吴丰培藏学研究论丛》。

张中行　作家

张中行（1909 年—2006 年），作家。1925 年在通县师范学校求学，1931 年 9 月入北京大学中文系就读，1935 年毕业后在南开中学、保定育德中学执教，又任民众教育馆教学部主任。1942 年起在北京大学文学院国文系任助教、讲师。1946 年起在北京贝满中学、第四中学任教，后主编《世间解》。1951 年起历任人民教育出版社中学语文编辑室编辑、特约编审等职。长期从事语文学、古典文学和思想史的研究，早期主要编写语文教材，后专于散文写作。主要著作有《文言津逮》、《佛教与中国文学》、《负暄琐话》、《文言和白话》、《禅外说禅》、《诗词读写丛话》、《顺生论》、《谈文论语集》、《说梦楼谈屑》、《横议集》、《流年碎影》、《说梦草》、《散简集存》、《张中行作品集》，主编《文言常识》，合编《古代散文选》。

沈建中摄影
顾廷龙题

张允和（1909年—2002年），戏曲研究家。原籍安徽合肥，辛亥革命后寓居上海、苏州，1923年进入其父张冀牖创办的苏州乐益女子中学就读初中。1929年考入上海吴淞中国公学，后毕业于上海光华大学。1936年起编辑《中央日报》"妇女与家庭"专栏和《苏州明报》"苏州妇女"专栏，又任中学教员。1950年代定居北京，曾任人民教育出版社历史教材编辑。1956年8月与俞平伯创办成立北京昆曲研习社，编辑《社讯》，并演出昆曲剧目多种。晚年专于写作散文、随笔，主编家庭刊物《水》。毕生致力于昆曲艺术研究与演唱实践，能写曲，擅填词，亦工诗。主要著作有《昆曲日记》、《半个字的电报》、《本来没有我》、《多情人不老》(合集)、《张家旧事》、《最后的闺秀》，还写有诗词近百首。

张允和　戏曲研究家

沈建中摄影

顾廷龙题

张岱年（1909 年—2004 年），哲学家。1923 年就读于北京师范大学附中。1928 年考入北京师范大学教育系，1933 年毕业后任清华大学哲学系助教。1943 年任私立北平中国大学哲教系讲师、副教授，1946 年起在清华大学哲学系出任副教授、教授。1952 年起任北京大学哲学系教授，又兼任清华大学思想文化研究所所长，中国哲学史学会会长。长期从事哲学学科的理论研究和教学活动，致力于中国哲学史，尤其是中国哲学范畴的思想文化研究。主要著作有《中国唯物主义思想简史》、《中国哲学大纲》、《中国哲学发微》、《中国哲学史史料学》、《中国哲学史方法论发凡》、《求真集》、《玄儒评林》、《文化与哲学》、《中国伦理思想研究》，另有《张岱年文集》、《张岱年全集》。

张岱年　哲学家

罗大冈（1909年—1998年），外国文学研究家。1928年入震旦大学"特别班"专习法语。
1929年入北平中法大学语文学院读书，1933年毕业后赴法国就读于里昂大学文哲系，1937年
获文学硕士学位，1939年获巴黎大学文学博士学位。1942年任中国驻瑞士公使馆译员，开始
用法语写作，发表诗、散文和译作。1947年回国任南开大学外文系教授。1951年任清华大学
外文系教授，1952年任北京大学西语系教授和文学研究所研究员。1964年起任中国社会科学
院外国文学研究所研究员。毕生从事外国文学研究与翻译，尤专于法国二十世纪文学，还将
《唐人绝句百首》《古镜记》译为法文出版。主要著作有《论罗曼·罗兰》《罗大冈文集》，
译著《拉法格文学论文选》《波斯人信札》《母与子》。

罗大冈 外国文学研究家

柯 灵 作家

柯灵（1909 年—2000 年），作家。1924 年在绍兴小学任教。1932 年进入上海明星影片公司任职，曾先后主编《文化街》、《明星》、《民族呼声》、《文汇报·世纪风》、《大美报·浅草》、《正言报·草原》、《万象》、《周报》、《新民晚报·十字街头》。1950 年代起历任文化部上海剧本创作所所长，文汇报副社长和总编辑，《大众电影》、《上海电影》主编，上海电影艺术研究所所长，上海电影家协会副主席，上海作家协会副主席。毕生从事文学报刊编辑、电影戏剧创作与评论，尤长于散文写作。代表剧作有《飘》、《夜店》、《秋瑾传》、《武则天》、《不夜城》，主要著作有《望春草》、《市楼独唱》、《香雪海》、《煮字生涯》、《墨磨人》、《电影文学丛谈》、《剧场偶记》、《柯灵杂文选》、《柯灵电影文存》、《柯灵散文选》。

沈建中摄影
顾廷龙题

高元白（1909 年—2000 年），语言文字学家。1930 年考入北京师范大学中国文学系，1935 年毕业后任北师大附中高中语文教员。1937 年起先后在西北农学院、四川铭贤学院、西安临时大学、陕西师范专科学校执教。1949 年任西北大学师范学院中文系主任，1953 年起任陕西师范大学教授、中文系主任，并任陕西省文史研究馆馆长，陕西省语言学学会会长等职。毕生从事中国语言文字学科的研究与教学活动，主要研究领域是音韵学、文字学、训诂学、汉语史、古代汉语、现代汉语及文字改革。主要著作有《汉字形体的源流》、《汉字的起源发展和改革》、《汉语拼音课程》、《现代汉语》、《新诗韵十道辙儿说略》、《汉语音韵学要略》、《古代汉语》，合著《广韵提要》。

高元白　语言文字学家

徐梵澄 哲学家

徐梵澄（1909 年—2000 年），哲学家。早年在中山大学、复旦大学读书。1929 年赴德国海德堡大学哲学系攻读。1932 年后曾任中央艺专教员，中央图书馆编纂，《图书月刊》编辑，中央大学教授。1945 年赴印度泰戈尔国际大学执教，1951 年起在南印度室利阿罗频多学院任华文部主任。1978 年回国出任中国社会科学院世界宗教研究所研究员。早期师从鲁迅，在德留学时为鲁迅搜购书刊版画介绍于我国。长期从事德国、印度哲学宗教著作的译介与研究，为我国最早翻译研究尼采思想及印度古代典籍《奥义书》的先驱。还擅书画工诗词。主要著译有《泥沙杂拾》、《苏鲁支语录》、《尼采自传》、《五十奥义书》、《老子臆解》、《异学杂著》、《周天集》、《陆王学述》、《蓬屋诗存》、《徐梵澄集》。

卞之琳　作家

卞之琳（1910 年—2000 年），作家。1929 年从上海浦东中学毕业考入北京大学英文系，1933 年毕业后参与编辑《水星》，先后在四川大学、延安鲁迅艺术文学院、西南联合大学、天津南开大学执教。1947 年赴英国牛津大学访学。1949 年回国后历任北京大学西语系教授和文学所研究员，中国社会科学院外国文学研究所研究员，还任《世界文学》、《诗刊》和《文学评论》编委，中国莎士比亚学会副会长。毕生从事外国文学研究与翻译，致力于文学写作，尤专于现代诗歌创作及诗论研究，诗作《断章》影响广泛。主要著作有《三秋草》、《鱼目集》、《雕虫纪历》、《山山水水》、《人与诗：忆旧说新》、《布莱希特戏剧印象记》、《莎士比亚悲剧论痕》，译著《西窗集》、《维多利亚女王传》、《英国诗选》、《莎士比亚悲剧四种》。

王颂余　美术学家

王颂余（1910 年—2005 年），美术学家。早在学生时代就师从溥心畬、刘子久学画，师从溥默公习书法，受业于章太炎、闻一多、裴会川攻读古典文学。早年长期在银行业任职。1940年代先后在津沽大学中文系、南开大学分校图书馆系、河北省艺术师范学院美术系任教。1950年代起在天津美术学院任教授、中国书画专业硕士研究生导师，并历任天津市书法家协会副主席，天津市美术家协会常务理事、顾问等职。长期从事中国书画教学活动，致力于山水画的创作实践与理论技法研究，专长书法艺术，尤以擅写行草书闻名。主要著作有《中国画技法述要》、《王颂余书画选》、《书法结体研究》、《王颂余书法艺术》、《怎样写行书》、《王颂余书册选页》、《困学偶记》。

艾青（1910 年—1996 年），作家。1925 年在金华省立第七中学读书。1928 年入杭州国立西湖艺术院绘画系。1929 年赴法国学画。1932 年回国后在上海加入中国左翼美术家联盟，开始创作诗歌。抗战期间在武汉参与发起中华全国文艺界抗敌协会，曾任山西民族革命大学教员，《广西日报》文艺版编辑，重庆育才学校文学系主任，延安鲁迅艺术文学院教员，《诗刊》主编，华北联合大学文艺学院副院长。1950 年代起历任《人民文学》副主编，中国作家协会副主席等职。早年专于美术，后长期致力于文学创作与编辑，尤长于诗歌创作和诗论研究，以创作自由体新诗闻名。主要著作有《大堰河》、《向太阳》、《旷野》、《北方》、《归来的歌》、《诗论》、《艾青谈诗》、《艾青全集》，译著《原野与城市》。

艾 青 作家

汤炳正　古典文学研究家

汤炳正（1910 年—1998 年），古典文学研究家。1934 年从民国大学毕业后考入苏州章氏国学讲习会研究班，受业于章太炎，发表论文《法言汪注补正》；1936 年又在该会任教，讲授古文字学。此后曾在四川西山书院讲学，先后任贵阳师范学院副教授，贵州大学教授，四川师范学院教授。1956 年起在四川师范大学任中文系、中国古代文学研究所教授，并任中国屈原学会会长、中国训诂学学会学术委员等职。毕生从事中国古典文学研究与教学，前期专于语言文字学，后期主要以研究屈原和《楚辞》为主，尤长于声韵学、文字学、楚辞学研究，参加《章太炎全集》整理工作。主要著作有《屈赋新探》、《楚辞类稿》、《语言之起源》、《广韵订补》、《楚辞赏析集》，主编《楚辞研究》。

174

吴青霞（1910年—2008年），美术家。其父吴仲熙是江南收藏名家、鉴赏学家，幼承家传，专攻书画，从临摹古代各派工笔画入手，1922年以自己的画作参加常州救灾赈济义卖，1929年开始在画坛渐露头角，毕生致力于中国画创作，凡人物、山水、花鸟、走兽均能挥洒自如，尤善画仕女、鲤鱼、芦雁，笔精墨妙，自成一家。早在1936年作品就在加拿大展出并获荣誉奖，1956年在芬兰参加世界女子画展，1984年作品展出于巴黎"法国国家秋季沙龙"。早年毕业于武进县立女子师范学校，定居上海后参与组织中国女子书画会。1950年代起历任上海中国画院画师，香山书画社社长，上海师范大学艺术系教授，常州画院顾问，上海美术家协会理事，上海市政协委员，意大利欧洲学院院士。出版有《吴青霞画集》。

吴青霞 美术家

张骏祥 电影艺术家

张骏祥（1910年—1996年），电影艺术家。1931年毕业于清华大学西洋文学系后留校任教。1936年赴美国耶鲁大学戏剧研究院留学，1939年获硕士学位。回国后在江西国立戏专、南京戏专、上海市立剧校任教，又在重庆、成都创办剧团，曾任香港永华电影公司编导。1950年起历任上海电影制片厂导演、副厂长，上海电影局局长，上海电影专科学校校长，文化部电影局副局长，中国电影家协会副主席。早年从事戏剧教学和编导，后长期致力于电影艺术事业，专于影片的编导创作与理论研究。编导作品有《蜕变》、《小城故事》、《鸡毛信》、《白求恩大夫》，著有《袁俊戏剧集》、《张骏祥电影剧本选》、《影事琐议》、《导演术基础》、《关于电影的特殊表现手段》，译著有《林肯在伊利诺》、《吾土吾民》。

178

陈彪如（1910年—2003年），经济学家。早年在北京汇文中学读书，1929年考入清华大学政治系，1933年获法学学士学位后进入研究院攻读。1937年投笔从戎，参加抗日救亡活动。1944年赴美国哈佛大学研究院深造，1946年获经济学硕士学位。回国后在上海暨南大学出任教授、经济系主任，又曾任复旦大学、东吴大学、震旦大学教授。1952年起在华东师范大学执教，历任经济系主任、世界经济研究室主任、国际金融研究所所长，并担任多种学术职务。长期从事经济学科的理论研究和教学活动，尤长于国际金融学研究。主要著作有《凯恩斯就业理论的批判》、《当前国际货币制度问题》、《国际金融概论》、《国际货币体系》，译著《利息理论》、《凯恩斯经济学》、《现代经济学导论》，主编《国际金融市场》。

陈彪如　经济学家

陈鲤庭（1910年—2013年），电影理论家。早年就读于中国公学预科，1930年毕业于大夏大学高等师范系。1931年组织骆驼演剧队，创作街头剧《放下你的鞭子》，1932年加入中国左翼戏剧家联盟，1936年参与主持业余剧人协会，曾任上海救亡演剧四队队长。1942年在重庆中华剧艺社任话剧导演。1947年起在"中电"、"昆仑"电影公司任编导。1950年代起历任上海天马电影制片厂厂长，上海电影制片厂艺术委员会副主任，主编《中国大百科全书·电影卷》艺术理论部分。早期从事话剧编导，后专于电影编导、翻译、评论和理论研究。编导代表作有《屈原》、《钦差大臣》、《遥远的爱》、《丽人行》、《人民的巨掌》，主要著译有《电影规范》、《演技试论》、《电影演员论》、《电影艺术理论史略》。

陈鲤庭　电影理论家

沈建中摄影 顾廷龙题

林林（1910年—2011年），作家。1929年在中国大学政经专修科就学。1934年赴日本早稻田大学留学，加入中国左翼作家联盟东京分盟。1936年回国后编辑上海《质文》杂志、桂林《救亡日报》、香港《华商报》副刊，又任香港达德学院和南方学院教授。1949年在华南文联、广东省文化局任职。1955年任中国驻印度大使馆文化参赞。1959年起历任对外文化联络委员会司长，对外友协副会长，日本文学研究会会长等职。长期从事日本文学研究，致力于诗歌创作与翻译，其仿照日本短歌、俳句形式创作的"汉歌"、"汉俳"享有盛誉，还擅长书法。主要著作有《崇高的忧郁》、《阿莱耶山》、《印度诗稿》、《雁来红》、《扶桑杂记》、《诗歌杂论》，译著有《海涅爱情诗集》、《日本古典俳句选集》。

林 林 作家

林庚（1910年—2006年），古典文学研究家。1928年考入清华大学，1933年毕业后留校任助教，并任《文学季刊》编委。1934年起先后在北京民国学院、北平大学女子文理学院、北京师范大学任教。抗战期间在国立厦门大学执教。1947年任燕京大学中文系教授。1952年起历任北京大学中文系中国文学史教研室、中国古典文学教研室主任。早期致力于新诗创作，长期从事中国古典文学及文学史的学术研究，尤长于楚辞、唐诗、《西游记》和诗论研究。主要著作有《中国文学史》、《诗人屈原及其作品研究》、《诗人李白》、《〈天问〉论笺》、《问路集》、《西游记漫话》、《唐诗综论》、《中国文学简史》、《新诗格律与语言的诗化》，还有诗集《春野与窗》、《夜》、《北平情歌》、《冬眠及其他》。

林　庚　古典文学研究家

林耀华 民族学家

林耀华（1910年—2000年），民族学家。1932年获燕京大学学士学位，1935年获燕京大学硕士学位。1940年获得美国哈佛大学哲学博士学位。1941年回国后任云南大学社会学系教授，燕京大学社会学系主任。1953年起历任中央民族大学历史系副主任、民族研究所所长、民族学系主任，曾任中国民族学学会副会长，中国社会学会副会长，《当代人类学》杂志通讯编辑等职。长期从事有关民族学、社会学和人类学的调查、研究和教学工作，尤专于中国民族学、原始社会史、农村社区、世界民族等领域的学术研究。主要著作有《金翼》、《从猿到人的研究》、《凉山彝家的巨变》、《民族学研究》、《林耀华学述》，主编《原始社会史》、《西藏社会概况》、《民族学通论》。

金石声　摄影艺术家

金石声（1910 年—2000 年），摄影艺术家。早在青少年时期就参加摄影活动，1931 年在同济大学求学期间加入"三友影会"，又成为上海摄影团体飞鹰社的组织者。1936 年参与创办并主编《飞鹰》，是继胡伯翔、郎静山等之后的第二代摄影家。1938 年赴德国攻读道路及城市工程学与城市规划学，1946 年回国任上海市工务局都市计划委员会工程师、同济大学教授。作为中国城市规划学的奠基人，在担任教学科研、学术组织工作的同时，从未放弃业余摄影，1958 年举办"刘旭沧、金石声摄影艺术展览会"。摄影风格起步于画意摄影，被誉为中国艺术摄影的先行者。历任中国摄影家协会常务理事、上海分会副主席。出版有《金石声摄影艺术作品选辑》、《陈迹·金石声与中国现代摄影》、《海上摄影名家大系·金石声》。

费孝通（1910 年—2005 年），社会学家。1930 年入燕京大学社会学系就读，1935 年毕业于清华大学研究院。1938 年获英国伦敦经济政治学院哲学博士学位。此后曾任云南大学社会学系教授，西南联合大学教授，清华大学教授、系主任、副教务长。1952 年起历任中央民族学院副院长，中国社会科学院民族研究所副所长、社会学研究所所长，北京大学教授，中国社会学会会长等职。自 1930 年代初开始从事社会学、人类学、民族学方面的考察、研究、教学和著述。主要著作有《花蓝瑶族社会组织》、《江村经济》、《生育制度》、《乡土中国》、《费孝通民族研究文集》、《社会学探险》、《中华民族的多元一体格局》、《费孝通文集》，译著《人文类型》、《文化论》、《世界史》（合译）。

费孝通 社会学家

姚雪垠　作家

沈建中攝影

姚雪垠（1910 年—1999 年），作家。早年在信阳就读中学，1929 年考入河南大学预科。后在北平图书馆自学，曾任教员，又在开封编辑《风雨》杂志。抗战期间在武汉担任中华全国文艺界抗敌协会理事兼创作研究部副部长。1945 年在四川三台县任东北大学教授，1948 年起任大夏大学文学院代理院长、副教务长。从 1950 年代起先后在湖北省文联和北京中国作家协会，从事专业文学创作。历任湖北省文联主席，中国作协湖北分会名誉主席，中国作协名誉副主席等职。毕生致力于文学创作，尤专于小说写作，同时对中国历史和古典文学亦有较深研究。主要著作有《牛全德与红萝卜》、《戎马恋》、《差半车麦秸》、《春暖花开的时候》、《长夜》、《李自成》等。

曹　禺　作家

曹禺（1910年—1996年），作家。早年在天津南开中学读书时就参加进步戏剧活动。1928年考入南开大学政经学系，后转入清华大学西洋文学系，1933年毕业后进入清华研究院就读。1936年后任南京国立戏剧专科学校、江安国立戏剧专科学校、复旦大学教授，并任中华全国戏剧界抗敌协会理事。1946年赴美国讲学，1947年起在上海市立实验戏剧学校、上海文华影业公司任职。1950年代开始历任中央戏剧学院副院长，北京人民艺术剧院院长，中国戏剧家协会主席，中国文联主席等职。毕生从事戏剧艺术事业，致力于戏剧文学创作和理论研究。代表剧作有《雷雨》、《日出》、《原野》、《蜕变》、《北京人》、《胆剑篇》、《王昭君》，译有《柔蜜欧与裘丽叶》，另出版有《曹禺全集》。

萧 乾 作家

萧乾（1910年—1999年），作家。早年半工半读。1935年从燕京大学新闻系毕业，先后在津、沪、港主编《大公报·文艺》并兼任旅行记者。1939年在英国任伦敦大学东方学院讲师和《大公报》驻英特派员。1944年在欧洲战场任随军记者。1946年回国后在上海任《大公报》国际问题社评委员和复旦大学教授。1950年代开始历任英文版《人民中国》副总编，《译文》编委，《文艺报》副总编，人民文学出版社顾问，中央文史研究馆馆长。早期从事新闻报业活动，曾采访联合国成立、波茨坦会议、纽伦堡战犯审判，毕生致力于文学创作与翻译，主要著作有《人生采访》、《红毛长谈》、《篱下集》、《梦之谷》、《未带地图的旅人》，译著《好兵帅克》、《培尔·金特》、《里柯克小品选》，合译《尤利西斯》。

谢稚柳　文物学家

谢稚柳（1910年—1997年），文物学家。1925年进入寄园，师从钱名山学习经史诗词。1934年始作《陈老莲传》，发表于《京沪周刊》。曾任《中央日报》经理，中央大学艺术系教授，《新闻报》主任秘书。1942年西赴敦煌，对莫高窟、西千佛洞、榆林窟和水峡口等处的古代石窟艺术进行全面考察。1950年代起历任上海市文物管理委员会编纂、副主任，上海市博物馆顾问，国家文物局中国古代书画鉴定小组组长，国家文物鉴定委员会委员，上海市书法家协会主席。毕生从事书画创作，凡山水、花鸟、人物和行草书皆精，尤专于古书画鉴别、赏析和整理以及艺术史研究。主要著作有《敦煌石室记》、《敦煌艺术叙录》、《水墨画》、《鉴余杂稿》、《壮暮堂诗钞》、《中国书画鉴别》、《唐五代宋元名迹》、《梁楷全集》。

蔡若虹 美术理论家

蔡若虹（1910年—2002年），美术理论家。1923年就读于江西省立第六师范学校。1931年从上海美术专科学校西洋画系毕业，参加中国左翼美术家联盟，在上海从事爱国漫画创作，参与主编《漫画生活》月刊。1939年起在延安鲁迅艺术文学院任美术系主任。1946年起担任《晋察冀日报》美术编辑。1949年开始历任《人民日报》美术编辑，文化部艺术局副局长，中国画研究院副院长，中国美术家协会副主席。毕生从事美术创作、教学、评论及美术活动组织，早期创作大量的进步性讽刺漫画，后长期致力于年画、连环画和中国画的改革与实践，专于美术理论研究，并擅长诗词写作。主要著作有《苦从何来》、《若虹诗画》、《蔡若虹美术论文集》、《蔡若虹文集》。

黎雄才 美术家

黎雄才（1910 年—2001 年），美术家。早年进入广州春睡画院学画，师从高剑父。后赴日本留学，1935 年毕业于东京美术学校。回国后在广州美术学校任教，抗战期间在重庆艺术专科学校任美术教师。1949 年起任华南文艺学院、中南美术专科学校、广州美术学院教授，历任中国画研究院院委，中国美术家协会理事，广东省美术家协会副主席等职。长期从事美术教学与创作活动，致力于中国画创作，是现代岭南画派主要代表人物之一，其画风独特，素有"黎家山水"之称。早期代表作品《潇湘夜雨图》，曾在 1932 年获得比利时国际博览会奖。作品出版有《黎雄才画选》、《黎雄才画集》、《黎雄才山水画谱》、《黎雄才花鸟草虫画集》、《黎雄才艺术馆藏书画辑》。

顾廷龙题

陆诒（1911年—1997年），新闻记者。1930年就读于上海私立民治新闻专科学院。1931年进入上海《新闻报》实习，后担任上海《新闻报》记者。1937年转入《大公报》并任战地特派员，1938年在汉口、重庆《新华日报》出任编委、采访主任，又任上海《联合晚报》、《时代日报》编委。1946年起在香港任国际新闻社香港分社主任，香港达德学院新闻专修班主任，香港《光明报》主编。1950年起历任上海《新闻日报》、《新闻报》编委、副总编，中国新闻社理事，复旦大学新闻系兼职教授。毕生从事新闻报业活动，长期致力于新闻采访事业，抗日战争期间先后赴闸北、卢沟桥、太原等前线采访战地新闻，老年时期专于新闻史料整理与理论研究。主要著作有《战地萍踪》、《文史杂忆》。

陆 诒 新闻记者

张　庚　戏剧学家

张庚（1911年—2003年），戏剧学家。1927年在上海国立劳动大学社会学系读书，1931年毕业后创办文艺刊物《煤坑》，参与组织中国左翼戏剧家联盟武汉分盟。1933年在上海担任左翼剧联宣传委员，编辑《生活知识》，从事话剧剧本写作。1937年率上海蚁社救亡宣传队赴武汉。1938年起任延安鲁迅艺术文学院戏剧系主任，东北鲁艺副院长。1950年代起历任中央戏剧学院副院长，中国戏曲学院院长，《戏剧报》主编，中国艺术研究院副院长兼研究生部主任等职。长期从事中国戏剧理论研究与艺术批评，尤专于戏曲史的研究。主要著作有《戏剧概论》、《戏剧艺术引论》、《论新歌剧》、《论戏曲表现现代生活》、《戏曲艺术论》、《张庚戏剧论文集》，主编有《中国戏曲通史》、《中国戏曲志》、《秧歌选》。

杨　绛　外国文学研究家

杨绛（1911年—2016年），外国文学研究家。1932年获东吴大学文学学士学位，又入清华大学研究院攻读外国语言文学。1935年起赴英国、法国留学。1938年回国后，曾任苏州振华女中上海分校校长，上海震旦女子文理学院外语系教授。1950年代起历任清华大学外国文学系教授，北京大学文学研究所研究员，中国社会科学院外国文学研究所研究员。长期从事外国文学研究与翻译，尤专于英国文学；同时致力于文学创作，在剧本、小说、散文写作上均有建树。主要著作有《称心如意》、《弄真成假》、《风絮》、《春泥集》、《干校六记》、《倒影集》、《洗澡》、《杂忆与杂写》，译著《一九三九年以来的英国散文作品》、《小癞子》、《吉尔·布拉斯》、《堂吉诃德》、《斐多》、《杨绛译文集》。

沈建中摄影 顾廷龙题

何兹全（1911年—2011年），历史学家。早年就读于山东省立第六中学。1931年考入北京大学历史学系，1935年毕业后赴日本留学，1936年回国后曾任教育短波社和政论社总编辑、社长，中央研究院历史语言研究所助理研究员，中央大学历史系讲师并从事学术研究。1947年在美国哥伦比亚大学研究院攻读，又在约翰·霍普金斯大学佩奇学院翻译范文澜《中国通史简编》。1950年起历任北京师范大学教授、历史系副主任、魏晋南北朝史研究室主任。长期从事中国古代史研究，专于汉唐史、佛教寺院经济史、兵制史和魏晋南北朝。主要著作有《秦汉史略》、《中国古代及中世纪史讲义》、《读史集》、《五十年来汉唐佛教寺院经济研究》、《中国古代社会》、《三国史》、《中国文化六讲》。

何兹全　历史学家

罗竹风 社会科学家

罗竹风（1911 年—1996 年），社会科学家。1935 年毕业于北京大学，在校时攻读中文，选修哲学。曾加入中国左翼作家联盟，1938 年起任《抗战日报》社社长，八路军胶东五支队宣传部长，胶东文协副会长，胶东公学教务长。1949 年后历任山东大学教务长，华东地区和上海市宗教事务处处长，上海市出版局局长，上海哲学社会科学学会联合会主席，上海语言文字工作委员会主任，中国宗教学会副会长，中国语言学会副会长，《汉语大词典》主编，《辞海》常务副主编。毕生从事语言学、宗教学、出版学、辞书编纂及社会科学理论的研究与组织工作，著述以杂文见长。主要著作有《杂家和编辑》、《行云流水六十秋》，主编《中国大百科全书·宗教卷》、《中国人名大词典》、《宗教概论》、《宗教经籍选编》。

季羡林　东方文化学家

季羡林（1911 年—2009 年），东方文化学家。1930 年考入清华大学西洋文学系，1935 年赴德国哥廷根大学，攻读梵文、巴利文和吐火罗文，1941 年获哲学博士学位。1946 年回国在北京大学创建东方语言文学系，历任教授、系主任、副校长、南亚东南亚研究所所长，并任中国科学院哲学社会科学部委员，国务院学位委员会委员。长期致力于印度古代语言、中印文化关系、印度史与文化、中国文化与东方文化、比较文学与民间文学、佛教史的研究，和梵语、吐火罗语及其他语种文学作品翻译，同时擅写散文。主要著作有《印度简史》、《中印文化关系史论文集》、《印度古代语言论集》、《原始佛教语言问题》、《季羡林文集》、《季羡林散文全编》，译著《沙恭达罗》、《罗摩衍那》、《安娜·西格斯短篇小说集》。

周振甫（1911年—2000年），古典文学研究家。早年就读于无锡国学专修学校。1932年进入上海开明书店编辑所，初任校对，后任编辑。曾协助校对《辞通》、《二十五史补编》，合编《二十五史人名索引》，编校《中国史》、《先秦史》、《秦汉史》、《春秋史》等。1950年代起历任《语文学习》杂志和中国青年出版社编辑，中华书局编审。历年来负责编辑主要有《乐府诗集》、《李太白全集》、《管锥编》，参加《明史》点校和《鲁迅全集》部分注释定稿；同时，长期致力于诗词注释、古典作品评析及文论研究。主要著作有《严复思想述评》、《诗词例话》、《诗文浅释》、《文心雕龙今译》、《文章例话》、《周易译注》、《鲁迅诗歌注》、《中国文章学史》、《中国修辞学》、《文论散记》、《周振甫文集》。

周振甫　古典文学研究家

218

侯仁之（1911年—2013年），历史地理学家。1932年考入燕京大学历史系就读，1936年获文学学士学位后又入研究院进修，1940年获文学硕士学位，毕业后留校任教。曾在天津工商学院执教。1946年在英国利物浦大学地理系攻读历史地理学，1949年获哲学博士学位。回国后历任燕京大学教授，清华大学营建系教授，北京大学副教务长、地理系主任，中国科学院学部委员，中国地理学会副理事长，《地理学报》主编。长期从事历史地理学、地理学史的教学与研究，尤长于城市及沙漠历史地理。主要著作有《历史上的北京城》、《步芳集》、《北京史话》、《天津聚落之起源》、《历史地理学四论》、《燕园问学集》、《晚晴集》，主编有《中国古代地理名著选读》、《中国古代地理简史》、《北京历史地图集》。

侯仁之　历史地理学家

徐邦达（1911年—2012年），文物学家。自幼学习书画，早年即有志于古书画鉴定，师从赵叔孺、吴湖帆，长期致力于阅读与临摹古代书画作品。1949年受聘为上海市文物管理委员会顾问，1950年在北京中央文物局文物处任业务秘书，曾任北京大学历史系考古专业讲师。1953年起历任故宫博物院业务部副研究员、研究室研究员，国家文物鉴定委员会常务委员等职。长期从事中国古代书画的征集、鉴别、整理和研究，尤专于美术史及书法史，亦精于诗词和书画创作。主要著作有《古书画鉴定概论》、《历代书画家传记考辨》、《中国绘画史图录》、《古书画伪讹鉴辨》、《古书画过眼要录》、《历代流传书画编年表》、《重订清故宫旧藏书画录》、《徐邦达论古书画汇集》、《徐邦达书画作品选集》。

徐邦达　文物学家

黄绍芬 电影艺术家

223

黄绍芬（1911年—1997年），电影艺术家。1925年从中山师范学校毕业，进入上海民新影片公司学习电影摄影技术。1929年后任联华影业公司摄影组组长，拍摄处女作《故都春梦》。1930年代参与抗日新闻纪录片摄影，并参加左翼文化运动，曾任新华、文华影业公司摄影指导兼技术部主任，又为华艺影片公司拍摄我国第一部彩色戏曲片《生死恨》。1952年起历任上海电影制片厂总工程师，上海市电影局摄影总技师，上海市文联副主席，上海市摄影家协会主席，中国电影电视摄影师学会名誉会长。在长达七十年的摄影艺术生涯中，拍摄了近百部影片，曾多次在国内外获得奖项，包括《三个摩登女性》、《母性之光》、《林则徐》、《聂耳》、《枯木逢春》及戏曲片《宋士杰》、《梁山伯与祝英台》等，都成为中国电影史上的名作。

224

黄养辉（1911年—2001年），美术家。自幼酷爱美术，1930年考入南京中央大学，曾在艺术系、中文系就学，师从徐悲鸿，曾长期担任徐悲鸿秘书。1939年任广西艺术学院美术讲师，1942年任中国美术学院副研究员兼秘书，1944年在桂林得徐悲鸿急电，冒着日寇炮火轰炸，只身将二十四箱藏于七星岩洞里的珍贵文物书画抢运护送到重庆。1946年后历任国立北平艺术专科学校副教授兼秘书，中央歌剧院教授，苏州美术专科学校教授，南京大学教授，江苏省中国画院画师，徐悲鸿奖学金委员会委员，金陵印社名誉社长。不但专于素描、水彩和油画，还精于中国画，题材以肖像和山水为主；擅长书法、篆刻和美术评论。出版有《黄养辉艺术文集》、《黄养辉书画集》、《黄养辉画集》。

黄养辉　美术家

萧淑芳（1911年—2005年），美术家。早在1925年师从汪慎生、汤定之学中国画。1926年考入北平国立艺术专科学校学习西洋画。1929年进入南京中央大学艺术系，师从徐悲鸿。1937年赴欧洲专修雕塑。1940年回国后在上海培成女子中学、市立师范专科学校任教。1947年任北平国立艺术专科学校副教授。1949年起任中央美术学院教授，兼任中央工艺美术学院教授。长期从事美术教学与创作，早期专于油画、水彩画的写生和创作，1970年代后主要致力于中国画花卉题材的写生和创作，多次在海内外举办作品展览。代表作有《北海溜冰》、《儿童玩具展览》、《紫鸢》、《天鹅》、《山花烂漫》、《丁香》，出版有《中国儿童游戏》、《萧淑芳画集》、《吴作人、萧淑芳中国画》、《萧淑芳作品选》。

萧淑芳　美术家

王为一 电影艺术家

王为一（1912 年—2013 年），电影艺术家。1931 年进入上海美术专科学校学习绘画，在校参加剧团活动，又加入中国左翼戏剧家联盟。1934 年起在艺华影片公司任场记，新华影片公司任演员和副导演。抗战爆发即参加救亡演剧三队，曾任中国电影制片厂编导，新疆实验剧团演出部主任。1946 年起在上海昆仑影片公司、香港南国影业公司和五十年代影片公司出任导演。1951 年后历任上海电影制片厂导演，广州珠江电影制片厂导演和艺术委员会主任，中国电影家协会广东分会副主席。导演的代表影片有《七十二家房客》、《三家巷》、《珠江泪》、《铁窗烈火》、《南海潮》（合导），还有《阿混新传》获第五届中国电影金鸡特别奖，出版剧作《为自由和平而战》、《宣传》、《游牧之歌》。

王利器 古典文学研究家

王利器（1912年—1998年），古典文学研究家。早年就读于重庆大学高中部，毕业后在达材学校教书半年。1941年从四川大学中文系毕业即考入北京大学文科研究所攻读研究生，师从汤用彤、傅斯年。1944年任四川大学讲师，兼任成华大学教授。1946年担任北京大学中文系和图书馆系讲师、副教授。1952年起历任北京政法学院副教授，文学古籍刊行社编辑，人民文学出版社高级编辑，曾负责编辑范文澜《文心雕龙注》、郑振铎《插图本中国文学史》。毕生从事中国古典文学研究，尤长于校勘学及文史研究。主要著作有《文心雕龙新书》、《水浒全传》（校点）、《历代笑话集》、《风俗通义校注》、《葛洪论》、《颜氏家训集解》、《耐学堂集》、《晓传书斋文史论集》，主编有《金瓶梅词典》、《史记全译》。

孔罗荪　文学理论家

孔罗荪（1912年—1996年），文学理论家。早年就读于哈尔滨法政大学。1928年主编《国际协报·蓓蕾》，1935年主编《大光报·紫线》，1937年参与主编《战斗旬刊》。1938年出任中华全国文艺界抗敌协会理事兼出版部副部长，又出任《抗战文艺》编委。1940年主编《文学月报》，1942年后代理主编《文艺阵地》，并编辑《文学集丛》。1950年代起历任南京文联副主席，上海文联和作家协会秘书长，《文艺报》主编，中国作协书记处常务书记。自1920年代后期开始从事文学创作，毕生致力于文学理论和文学批评的研究与写作，创作小说、散文，尤擅写杂文和评论，主要著作有《野火集》、《小雨点》、《喜剧世界》、《寂寞》、《战斗需要力量》、《决裂集》、《文艺漫笔》、《文学散论》、《火花集》、《罗荪文学论集》。

凤子（1912年—1996年），戏剧艺术家。早年在复旦大学求学时参加复旦剧社，以成功塑造《雷雨》、《日出》和电影《白云故乡》女主角而闻名。1936年毕业后出任上海女子书店《女子月刊》主编。抗战爆发后参加国防剧社、中国艺术剧社的爱国戏剧运动，出演《三江好》、《祖国》、《天国春秋》等剧；主编《中央日报》副刊。1946年在上海主编《人世间》月刊，兼任昆仑影片公司文学工作；曾先后两度任《新民报》记者。1950年代起历任中国戏剧家协会书记处书记，《剧本》月刊主编。毕生从事文艺活动，是我国进步剧运先驱者之一，专于戏剧艺术创作、理论研究和组织工作，亦写小说、散文和剧本。主要著作有《旅途宿站》、《舞台漫步》、《八年》、《画像》、《台上台下》、《人间海市》。

凤　子　戏剧艺术家

史念海 历史地理学家

史念海（1912 年—2001 年），历史地理学家。1936 年在北京辅仁大学历史系获文学学士学位，毕业后任国立编译馆副编审。曾任复旦大学副教授，兰州大学历史系主任，西北大学教授，西安师范学院教授。后长期在陕西师范大学执教，历任历史系主任、历史地理研究所所长、唐史研究所所长、副校长，还任中国古都学会会长，国家古籍整理规划小组顾问。毕生从事中国历史地理学科的研究与教学，尤致力于地名学、方志学、唐史及中国古都学的研究。主要著作有《中国的运河》、《河山集》、《中国历史人口地理与历史经济地理》、《中国历史地理纲要》、《中国古都与文化》、《唐代历史地理研究》，合著《中国疆域沿革史》、《方志刍议》，主编《中国历史地理论丛》。

关山月　美术家

关山月（1912 年—2000 年），美术家。1933 年毕业于广州市师范学校，1935 年进入春睡画院学习中国画，师从高剑父。曾赴敦煌临摹研究古代壁画。1946 年出任广州市艺术专科学校教授。1949 年在香港参加人间画会。1950 年代起历任华南文艺学院教授，中南美术专科学校副校长，广州美术学院副院长，并先后出任广东省画院院长，中国美术家协会副主席，中国美术家协会广东分会主席等职。长期从事美术教学活动，毕生致力于中国画创作实践与技法研究，是岭南画派的主要代表人物之一。一生创作了大量的作品，代表作有《春到人间》、《岭南春色》、《黄河颂》、《红梅图》等，其中《碧浪涌南天》获第六届全国美术展览荣誉奖。出版有《西南西北纪游画集》、《关山月论画》、《关山月画集》。

辛 笛 作家

辛笛（1912年—2004年），作家。早在南开中学读书时开始发表诗歌和译作，在清华大学外文系就学时编辑《清华周刊》文艺专栏。1935年在北平艺文中学、贝满女子中学任教。1936年赴英国爱丁堡大学研究语言文学。1939年后任上海暨南大学、光华大学教授。抗战期间在上海银行界任职。抗战胜利后继续从事文学活动，编辑《美国文学丛书》及《民歌》诗刊，1948年参与创办《中国新诗》，出任编委。1950年后转入工业部门工作。1978年起任上海作家协会副主席等职。长期从事文学写作与翻译活动，致力于诗歌创作以及理论研究，是"九叶诗人"之一。主要著作有《珠贝集》、《手掌集》、《辛笛诗稿》、《印象·花束》、《九叶集》（合集）、《夜读书记》、《听水吟集》，主编《20世纪中国新诗辞典》。

启　功　文物学家

启功（1912年—2005年），文物学家。曾任辅仁大学讲师、副教授，故宫博物院专门委员。1950年代开始，历任北京师范大学中文系教授、古籍研究所副所长，国家文物委员会委员，国家文物鉴定委员会主任委员，中国书法家协会副主席、主席，西泠印社社长，国家古籍整理出版规划小组成员，中央文史研究馆馆长等职。长期从事有关中国古典文学的教学工作与研究活动，致力于古文字学研究以及书法艺术，并擅长中国古代书画鉴定。主要著作有《古代字体论稿》、《诗文声律论稿》、《启功丛稿》、《启功书法作品选》、《汉语现象论丛》、《说八股》、《论书绝句》，还出版有《启功韵语》、《启功絮语》、《启功赘语》。

李鹤年 书法家

李鹤年（1912 年—2000 年），书法家。幼承家教，随叔祖李海楼学习楷书，又从孟广慧主攻汉隶；20 岁时师从王襄学习篆书；1935 年师从吴玉如为入室弟子。1938 年毕业于南开大学。1945 年后随方药雨研习金石碑版考证校订，长期致力于历代金石碑版鉴定且富收藏，毕生从事书法创作，尤精篆隶，喜用长锋羊毫，所作多次参展，历任中国书法家协会理事、教育委员会委员、天津分会副主席，天津文史研究馆名誉馆员，南开大学兼职教授，天津市高等学校书法研究会顾问，日本中国书法学院名誉教授等职。出版著述有《书法知识概要》、《謇斋文摘》、《中国书法史讲话》、《孟广慧、王襄、王懿荣与甲骨》、《书法漫谈》、《甲骨文书法初探》、《金文笔法概述》、《李鹤年书法》。

246

张开济（1912 年—2006 年），建筑学家。1935 年从南京中央大学工学院建筑工程系毕业后，曾在上海、南京、成都、重庆等地的建筑事务所出任专职建筑设计师。1949 年起在北京市建筑设计院任总工程师、总建筑师，并任中国建筑学会副理事长，北京市政府建筑顾问，北京市土木建筑学会副理事长。毕生从事建筑设计事业与理论研究，致力于建筑艺术创作、城市和住宅建设以及建筑保护等方面的学科研究。建筑设计代表作有中国革命历史博物馆、钓鱼台国宾馆、武汉长江大桥、北京天文馆、中央民族学院、教育部、全国总工会、济南南郊宾馆和三里河"四部一会"建筑群等，1990 年被国务院建设部授予"建筑设计大师"称号，并获中国首届"梁思成建筑奖"。历年来发表大量论文，主要著作有《建筑一家言》等。

张开济　建筑学家

张政烺　历史学家

张政烺（1912年—2005年），历史学家。1932年考入北京大学历史学系，1936年毕业后在中央研究院历史语言研究所任职，1946年起任北京大学历史系教授。1954年参加筹建中国科学院历史研究所并任研究员，1960年后任中华书局副总编辑。1966年起在中国社会科学院历史研究所任研究员，并任国家文物鉴定委员会委员。长期从事历史学、考古学、古文字学和古文献典籍的研究，参加二十四史标点工作，主持整理新出土的《云梦秦简》、《银雀山汉简》、《马王堆帛书》，曾主编《中国古代历史文物图集》。主要著述有《猎碣考释初稿》、《六书古义》、《一枝花话》、《讲史与咏史诗》、《宋江考》、《古代中国的十进制氏族组织》、《〈金史〉校勘记》、《试释周初青铜器铭文中的易卦》、《十又二公及其相关问题》，出版有《张政烺文史论集》、《张政烺文集》。

陈锡祺 历史学家

陈锡祺（1912年—2008年），历史学家。早年在南京就读高中，1936年毕业于武汉大学历史系，曾任江苏镇江中学、四川国立第二中学教师，又在乐山武汉大学、成都金陵大学和四川大学担任讲师、副教授，1946年起在广州中山大学历史系执教，历任副教授、教授、孙中山研究室主任、近代中国研究中心顾问，还任广东省孙中山研究学会名誉会长，中南五省辛亥革命史研究会名誉理事长等职。长期从事中国历史学科的研究与教学，尤专于中国近代史，1950年代后偏重于孙中山和辛亥革命史的研究。主要著作有《广东三元里人民抗英斗争》、《同盟会成立前的孙中山》、《孙中山与辛亥革命论集》，主编有《林则徐集》、《孙中山全集》（第五卷至第八卷）、《孙中山年谱长编》等。

沈建中攝影
顾廷龙题

林辰（1912 年—2003 年），编辑家。1929 年在贵州省立贵阳师范学校肄业。曾在贵阳女子中学、川东师范学校担任国文教员，又在重庆任私立乡村建设学院讲师、社会大学教授。1940年代起历任四川教育学院教授，重庆大学教授，西南师范学院中文系主任，重庆市文学工作者协会筹委会副主任。1950 年代起在北京任国家出版总署鲁迅著作编刊社编辑，长期在人民文学出版社任编审，历任鲁迅编辑室编辑、现代文学编辑室主任、古典文学编辑室主任，并任北京鲁迅博物馆研究室顾问，中国鲁迅研究学会理事。早期从事文学写作，后专于编辑出版事业与文史研究，尤致力于鲁迅研究，参加《鲁迅全集》的注释和编辑工作。主要著作有《鲁迅事迹考》、《鲁迅述林》等，编著《许寿裳文录》。

林　辰　编辑家

金克木（1912年—2000年），东方文化学家。1930年到北平求学。1932年任山东德县师范讲习所教员。1935年在北京大学图书馆任职。1938年在香港编辑《立报》。1939年任湖南桃源女子中学教师，兼任湖南大学讲师。1941年在印度加尔各答编辑《印度日报》。1946年后在武汉大学哲学系执教。1948年起任北京大学东方语言文学系教授。早期创作新诗、小说并翻译，后在梵文、佛学、历史、哲学、美学、比较文学、文艺理论、中印文化交流史等研究领域均有成果。著译出版有《蝙蝠集》、《挂剑空垄》、《旧巢痕》、《难忘的影子》、《梵语文学史》、《比较文化论集》、《旧学新知集》、《印度文化论集》、《梵竺庐集》、《通俗天文学》、《我的童年》、《伐致呵利三百咏》、《印度古诗选》。

金克木　东方文化学家

沈建中摄影

顾廷龙题

赵萝蕤（1912年—1998年），外国文学研究家。1919年在景海女子师范学校求学，1932年从燕京大学毕业后入清华大学外国文学研究所就读研究生。1935年开始在燕京大学西语系任教。1944年赴美国芝加哥大学攻读英语语言文学，1946年获文学硕士学位，1948年获哲学博士学位，回国后出任燕京大学西语系教授、系主任。1952年起任北京大学英语系教授，燕京学院英语系名誉主任。早期创作新诗和散文，长期致力于研究英美文学，尤以译介研究狄更斯、勃朗特姊妹、艾略特、惠特曼、詹姆斯闻名。主要著作有《我的读书生涯》，译著有《荒原》、《哈依瓦撒之歌》、《我自己的歌》、《黛茜·密勒》、《丛林猛兽》、《草叶集》、《中国翻译名家自选集丛书·赵萝蕤卷》，合著《欧洲文学史》。

赵萝蕤　外国文学研究家

徐复（1912年—2006年），语言文字学家。1929年跳级考入金陵大学，师从黄侃。1933年毕业后在南京汇文女子中学、九江同文中学任教。1935年又入金陵大学国学研究班深造。1936年进入苏州章氏国学讲习会，师从章太炎；曾在该会预备班讲学。抗战期间随院校辗转巴蜀、西北各地，抗战胜利后出任金陵大学教授。1952年起在南京师范大学中文系执教，历任教授、古文献整理研究所名誉所长，并任中国训诂学研究会会长，《汉语大词典》副主编，《辞海》语词分科主编。长期从事语言文字学的研究与教学，专于训诂学、古文献整理、汉语俗语词研究以及辞书编纂。主要著作有《秦会要订补》、《徐复语言文字学丛稿》、《后读书杂志》、《訄书详注》，主编《广雅诂林》、《江苏旧方志提要》。

徐　复　语言文字学家

沈建中摄影
顾廷龙题

翁闿运（1912 年—2006 年），碑帖考鉴学家。幼秉家学临池读帖，后得萧蜕庵指授篆法，又拜于唐文治门下。长期从事书法艺术创作，笔法精熟，四体俱工，并擅作诗，名胜古迹多其撰书诗碑。同时精于碑帖考鉴，1960 年代参加以上海文管会名义搜集流散古代书画，负责书法鉴定，被誉为颜真卿第一全本的宋拓《李玄靖碑》正是由他确认为真迹，现存上海博物馆。经其鉴定之珍本碑帖《宋拓王羲之十七帖》、《隋龙藏寺碑》，由上海人民美术出版社及文物出版社出版。历任上海书法家协会名誉理事，上海大学文学院兼职教授，上海中国画院兼职画师，上海市文史研究馆馆员。出版有《辞海·书法、碑帖部分》、《大学书法·技法部分》、《简化字总表习字帖》、《论黄庭坚的书法》、《艺舟新楫——翁闿运书法诗文集》。

翁闿运　碑帖考鉴学家

端木蕻良　作家

端木蕻良（1912年—1996年），作家。早年就读于天津汇文中学、南开中学。1932年考入清华大学历史学系，加入中国左翼作家联盟北平分盟，主编《科学新闻》和《四万万报》。抗战期间辗转上海、武汉、香港等地，从事抗战文学活动，并在山西临汾民族革命大学、重庆复旦大学执教。曾主编《人时代文艺丛书》、《力报》副刊、《文艺杂志》、《求是》、《银色批判》、《大刚报》副刊等多种。1947年任长沙水陆洲音乐专科学校教授。1949年从香港回到北京，历任北京市文学艺术界联合会副秘书长，北京市作家协会副主席。毕生从事文学活动，擅写历史题材小说和戏剧剧本，亦精于书画艺术。主要著作有《科尔沁旗草原》、《憎恨》、《大地的海》、《说不完的红楼梦》、《曹雪芹》，剧作《戚继光斩子》、《罗汉钱》。

264

马学良（1913年—1999年），民族语言学家。1938年从北京大学中国文学系毕业后，又考入北京大学文科研究所攻读研究生，于1941年毕业。先后在西南联合大学、中央研究院历史语言研究所、北京大学东方语文系执教，历任中央民族大学教授、少数民族语言文学系主任，中国社会科学院少数民族文学研究所所长，中国民族语言学会会长，中国民间文艺家协会副主席。自1940年代起调查彝语，长期致力于民族语言、民族文献、民族文学、民俗学及少数民族文字创制改革等学科的研究。主要著作出版有《撒尼彝语研究》、《云南彝族礼俗研究文集》、《民族语言教学文集》、《素园集》、《袁中郎年谱》、《马学良民族研究文集》，主编有《彝族文化史》、《汉藏语概论》、《中国少数民族文学史》。

马学良　民族语言学家

马伯煌 经济史学家

马伯煌（1913 年—2008 年），经济史学家。1938 年毕业于北京大学，曾任中学教员、校长。1946 年获得美国约翰·霍普金斯大学研究院硕士学位，回国后历任国立东北大学教授，东吴大学法学院教授，上海财经学院教授。1958 年起历任上海社会科学院经济研究所研究员、经济思想史研究室主任。长期致力于中国经济史和外国经济史的研究与教学，并在中国古代史、古籍整理、外文名著翻译、国际外交关系等方面研究均有建树，曾参与校点《二十四史·宋史》。主要著述有《关于中国资本原始积累问题》、《宋初军事行动的经济目的与策略》、《中国古代思想与管理现代化》、《儒学历史论略》、《历史的峰谷和走向》，主编有《刘鸿生企业史料》、《中国近代经济思想史》、《上海近代经济开发思想史》、《中国经济政策思想史》。

王玉哲 历史学家

王玉哲（1913年—2005年），历史学家。1940年从西南联合大学历史系毕业后，又考入北京大学文科研究所攻读研究生，1943年获硕士学位。历任华中大学历史系副教授，湖南大学历史系教授，南开大学历史系教授、中国古代史教研室主任、博物馆教研室主任，还任中国先秦史学会副理事长等职。自学生时代起就致力于中国古代史研究，发表论文《晋文公重耳考》，专于先秦社会史、先秦民族史及博物馆学的学术研究。主要著述有《鬼方考》、《楚族故地及其迁移路线》、《有关西周社会性质的几个问题》、《中国古代史上的民族问题》、《中国上古史纲》、《夏文化研究中的几个问题》、《中华远古史》、《先秦史稿》，合著《中国古代史》，主编《中国历史大辞典·先秦史》、《中国古代物质文化》。

270

王铁崖（1913年—2003年），国际法学家。1933年毕业于清华大学政治系，1936年获得清华大学国际法硕士学位，1937年在英国伦敦政治经济学院攻读，主编《世界政治》。曾在武汉大学、中央大学执教，历任北京大学政治系主任、法律系教授、国际法研究所所长，还任中国国际法学会会长，国际法研究院院士，世界艺术和科学院院士等职。长期从事国际法、国际关系史的教学与研究，参与《共同纲领》起草，出任海牙常设仲裁法院仲裁员、联合国前南斯拉夫国际刑事法庭法官。主要著作有《新约研究》、《战争与条约》、《1871—1898年欧洲国际关系》、《1898—1914年欧洲国际关系》、《1914—1919年第一次世界大战》、《中国旧约章汇编》、《国际法引论》、《王铁崖文选》，主编《国际法》。

王铁崖　国际法学家

王锺翰　历史学家

王锺翰（1913 年—2007 年），历史学家。1938 年毕业于燕京大学历史系，1940 年毕业于燕京大学研究院历史学部，获文学硕士学位。1946 年赴美国哈佛大学研究生院进修。早年即有志于历史学科，曾攻读拉丁文、日文、蒙文、满文、法文、德文等多种语言。1948 年回国后历任燕京大学历史系副教授，哈佛燕京学社引得编纂处副主任，中央民族大学研究部研究员、历史系名誉主任、民族史研究所教授、满学研究所所长等职。长期致力于中国通史和民族史的学术研究与教学活动，专长于研究明史、清史及满族史，曾经参加《清史稿》、《清史列传》等古籍的校点工作。主要著作有《清史杂考》、《满族简史》、《朝鲜李朝实录之女真史料选编》、《清史新考》、《清史续考》数种，主编有《满族史研究集》、《中国民族史》。

戈宝权（1913 年—2000 年），外国文学研究家。自青年时代起就从事外国文学作品的翻译与研究以及中外文化交流活动，1935 年出任《大公报》驻苏联记者。参加编辑《新华日报》、《群众周刊》，曾任生活书店、时代出版社编辑。1950 年代起历任驻苏联大使馆文化参赞，中国社会科学院外国文学研究所研究员。在俄苏文学、东欧文学、亚非拉美文学、中外文学关系史、翻译史和鲁迅研究诸领域均有成就，所译普希金《渔夫和金鱼的故事》影响广泛。一生藏书甚丰，晚年捐赠给江苏省南京图书馆。主要著作有《苏联文学讲话》、《鲁迅在世界文学上的地位》、《中外文学因缘》，译著有《普希金文集》、《高尔基研究年刊》、《谢甫琴科诗集》、《安哥拉诗选》、《戈宝权译文集》等。

戈宝权　外国文学研究家

276

冯亦代（1913 年—2005 年），外国文学研究家。早在初中求学时与同学自费创办文学刊物《磷光》，协助编辑《民生报》副刊。1930 年代从沪江大学毕业后考入上海中国保险公司任职，1938 年在香港编辑《星报》，参加中华全国文艺界抗敌协会。历年来先后在《中国作家》（英文）、《耕耘》、《电影与戏剧》、《世界晨报》、《联合晚报·夕拾》、《人世间》、《大报》、《中国文学》（英文）、《读书》出任编辑出版的重要职务，曾参与组织中国业余剧社。自 1940 年代初即开始致力于美国文学与戏剧作品的学术研究与翻译介绍，成为最早将海明威作品介绍到我国的翻译家之一。主要著作有《听风楼读书记》、《美国文艺书话》、《八方集》、《西书拾锦》，译著有《人鼠之间》、《现代美国文艺思潮》、《第五纵队及其他》，出版有《冯亦代文集》。

冯亦代　外国文学研究家

刘　琼　电影艺术家

刘琼（1913年—2002年），电影艺术家。早年就读于上海法学院，参与组建"春秋剧社"。1934年起出任联华和新华影片公司演员，在《大路》、《迷途的羔羊》影片中饰演角色。抗战期间参加上海艺术剧团，主演《长恨歌》、《蔡松坡》等爱国话剧。抗战胜利后在香港先后任永华、长城和五十年代影业公司演员，参加进步电影工作者组织的读书会。1952年因参加爱国活动遭香港当局无理驱逐，回到上海出任上海电影制片厂演员、导演和创作室主任。毕生致力于电影和话剧表演艺术实践及导演创作活动，曾获中国电影金鸡奖"表演特别奖"。主演电影作品有《国魂》、《文天祥》、《女篮五号》、《海魂》、《牧马人》、《死神与少女》等七十余部，导演电影作品有《51号兵站》、《乔老爷上轿》、《阿诗玛》、《李慧娘》等十余部。

张光年（1913年—2002年），作家。早年即投身于抗日救亡文艺运动，擅长诗歌创作，代表作有歌词《五月的鲜花》、组诗《黄河大合唱》。1940年在重庆创作长篇叙事诗《屈原》，1942年创作长诗《绿色的伊拉瓦底》，曾在北方大学艺术学院、华北大学文艺学院主持教学。1949年起长期在北京从事文艺界的组织领导工作，历任中国作家协会副主席等重要职务，并任《剧本》、《文艺报》和《人民文学》主编，在现当代文艺评论、古代文论研究的领域里均有成果。主要著作有《街头剧创作集》、《阿细人的歌》、《光未然歌诗选》、《骈体语译文心雕龙——张光年译述》、《向阳日记》、《文坛回春纪事》、《戏剧的现实主义问题》、《文艺辩论集》、《风雨文谈》、《张光年文艺评论选》，还出版有《光未然脱险记》、《张光年文集》。

张光年　作家

陈荒煤 文艺理论家

陈荒煤（1913年—1996年），文艺理论家。1930年代初参加中国左翼戏剧家联盟、中国左翼作家联盟和反帝大同盟及上海剧联。1934年在《文学季刊》发表小说处女作《灾难中的人群》。曾以剧作《粮食》、《总动员》，小说《忧郁的歌》、《长江上》和报告文学《陈赓将军印象记》而闻名文坛。1938年奔赴延安，担任鲁迅艺术文学院文学系主任。1949年起长期从事我国戏剧与电影事业，历任文化部电影局局长、副部长，中国社会科学院文学研究所副所长，中国作家协会副主席等职，主编《北方文艺》、《中国作家》，专于文艺理论研究和评论写作。主要作品集有《在教堂里歌唱的人》、《荒煤短篇小说选》、《荒野中的地火》、《梦之歌》，论著有《回顾与探索》、《解放集》、《攀登集》。

284

吴泽（1913年—2005年），历史学家。早在北京中国大学求学期间就专注于对中国社会经济史的学术探索，曾任重庆朝阳法学院、重庆复旦大学、贵州大夏大学、上海大夏大学教授。1952年起历任华东师范大学教授、历史系主任，中国史学研究所所长，国务院学位评议委员会历史学科召集人。长期致力于有关中国古代史、史学史和史学理论的教学与研究，在思想文化史、东方学、华侨华人史、客家学以及通俗史学等研究领域里均有建树。主要著作有《中国历史研究法》、《中国原始社会史》、《中国历史简编》、《康有为与梁启超》、《儒教叛徒李卓吾》、《地理环境与社会发展》、《东方社会经济形态史论》，主编《王国维全集·书信集》、《史学概论》、《中国历史大辞典·史学史》、《华侨史研究论集》。

吴 泽 历史学家

季镇淮（1913 年—1997 年），古典文学研究家。1941 年从西南联合大学中文系毕业后即考入清华大学研究院，师从闻一多、朱自清攻读研究生，同时兼任清华文科研究所助教。曾先后在昆明五华中学、江苏省立临时中学、云南大学附中、清华大学中文系、北京大学中文系执教，1950 年代曾任捷克斯洛伐克查理大学东方历史语言系讲师。毕生从事有关中国古代文学、近代文学和中国文学史的学术研究与教学活动，早期专于魏晋文学方面的研究，后期则主要致力于中国文学史的研究。主要著述有《司马迁》、《韩愈传》、《闻朱年谱》、《来之文录》、《来之文录续编》，主编有《历代诗歌选》、《近代诗选》，合编有《中国文学史》、《中国大百科全书·中国文学卷》、《中国近代文学大系》等多种。

季镇淮　古典文学研究家

沈建中摄影
顾廷龙题

288

林默涵（1913年—2008年），文学理论家。自1929年求学时期就在福州、厦门、上海参加革命活动，同时开始写作生涯，专于文艺评论和杂文。1935年赴日本东京新闻学院留学，抗战爆发后回国投入抗日宣传活动，加入上海青年救国服务团和战地服务团。1938年在延安马列学院学习，1941年主持华北书店编辑工作，曾任《生活日报》、《读书与出版》、《世界知识》、《国民周刊》、《全民抗战》、《中国文化》、《解放日报》、《新华日报》、《群众周刊》、《大众文艺丛刊》的编辑出版工作。1949年起长期在北京从事文艺活动和理论研究，历任中共中央宣传部副部长，文化部副部长，中国文联副主席，主持《鲁迅全集》编辑和注释工作。主要著作有《狮和龙》、《浪花》、《在激变中》，译著《人类婚姻发展史》。

林默涵　文学理论家

沈建中攝影

顾廷龙题

屈守元（1913年—2001年），古典文学研究家。1940年从四川大学中文系毕业，先后在四川大学、光华大学、成华大学、川北大学、四川师范学院执教，历任四川师范大学中文系副主任、中国古代文学研究所所长、图书馆馆长等职。毕生从事中国古典文学与古代文学史的研究及古籍整理，还专于整理业师遗著，在1940年代出版向宗鲁《校雠学》（商务印书馆），1950年代出版向宗鲁《说苑校证》（中华书局），1980年代出版庞石帚《养晴室笔记》（四川文艺出版社）。主要著作有《中国文学简史》、《昭明文选杂述及选讲》、《文选导读》、《经学常谈》、《韩诗外传笺疏》、《刘禹锡诗编年笺校》、《坚多节斋诗词稿》，主编有《中国历代文选》、《中国古典文献学》、《韩愈集校注》、《宋代文学辞典》、《华夏家书》。

屈守元　古典文学研究家

沈建中摄影
顾廷龙题

周一良（1913 年—2001 年），历史学家。早年在辅仁大学、燕京大学历史系就读，1935 年毕业后即入中央研究院历史语言研究所担任助理员，1944 年在美国哈佛大学获得哲学博士学位。先后在燕京大学、清华大学执教，历任北京大学教授、历史系主任。毕生从事历史学科的学术研究和教学活动，专攻魏晋南北朝史、佛教史和敦煌文献，同时对日本史、亚洲史、中外文化关系史以及世界各国的历史亦有研究。主要著作有《新唐书宰相世系表引得》、《魏晋南北朝史论集》、《魏晋南北朝史札记》、《中日文化关系史论》、《唐代秘宗》、《亚洲各国古代史》、《毕竟是书生》、《郊叟曝言》、《钻石婚杂忆》等，主编有《中外文化交流史》，合编有《世界通史》，合译有《日本史》。另出版有《周一良集》。

周一良　历史学家

沈建中摄影
顾廷龙题

郭诚永（1913 年—1998 年），文史学家。字君恕。1936 年毕业于四川大学中文系汉语言文学专业，先后师承李培甫（植）、赵少咸（世忠）、林山腴（思进）、庞石帚（俊）诸家，皆文史界一代名宿。历任四川师范大学中文系汉语言研究所教授、硕士研究生导师，主攻汉语言文学长达六十余年，长期从事文字学、训诂学等学科的研究与教学，尤专于音韵学。主要代表著述有《章太炎〈检论〉疏证》（毁于"文革"）、《论古汉语词的音义和文字形体的关系》、《反切易知》、《明代著名学者杨慎之古音学》、《杨升庵论学要义——为纪念明代著名学者成都杨慎诞生五百周年作》等多种。遗著《国故论衡疏证·上卷》（中、下卷为庞俊先生疏证）由中华书局出版。与聂敏熙、王均裕合编有《中学语文教师手册·下》。

郭诚永　文史学家

胡采（1913年—2003年），文学评论家。早年即在北平《华北日报》、《北辰报》的副刊上发表诗、小说和杂文。1937年开始投身于抗日救亡文艺活动，同时写作文艺评论文章；在济南参加平津流亡同学会的抗战文化宣传工作，并在《济南日报》主编"烽火"专版。1938年从山西到延安从事文化工作，曾任陕甘宁边区文化协会大众化工作委员会主编、创作组组长。长期以来致力于文学编辑与组织活动，历任中国作家协会陕西分会主席、陕西省文联主席，先后编辑《民族革命》、《西线》、《西线文艺》刊物，主编《大众习作》、《群众文艺》、《西北文艺》、《延河》、《小说评论》数种，专长于文学理论研究以及文学评论写作。主要著作有《主题、思想和其他》、《从生活到艺术》、《新时期文艺论集》、《胡采文学评论集》。

胡 采 文学评论家

沈建中摄影
顾廷龙题

胡道静（1913年—2003年），古文献学家。1931年从持志大学文学院国学系毕业后，进入上海通志馆担任编辑，参与《上海通志稿》的编写，曾任上海《通报》主编，《正言报》总编辑，华东军政委员会文化部文物处图书馆科科长，中华书局上海编辑所编辑，上海人民出版社审，国际科技史研究院通讯院士等职。早年即治版本目录学，并从事新闻报业活动以及编辑与教学工作，后长期致力于古籍文献的整理出版事业，尤专于中国古代科学技术史、中国古代农业史和上海史的学术研究。主要著作有《校雠学》、《公孙龙子考》、《上海图书馆史》、《上海新闻事业之史的发展》、《梦溪笔谈校正》、《种艺必用校录》、《中国古代的类书》、《农书与农史论集》、《沈括研究论集》、《中国古代典籍十讲》，领衔主编有《藏外道书》。

胡道静　古文献学家

贾 芝 民间文艺学家

贾芝（1913年—2016年），民间文艺学家。早在1930年代在北平求学时就致力于新诗创作，参与组织诗社泉社并出版诗集，1936年发表诗作《布谷鸟》。1938年从西北联合大学经济系毕业后赴延安，进入抗日军政大学、鲁迅艺术学院学习，并在延安中学、延安大学任教。1949年后一直在北京从事文艺活动，历任《民间文学》副主编，中国社会科学院少数民族文学研究所所长，中国民间文艺家协会名誉主席。长期致力于文学创作、翻译和研究，尤长于少数民族文学、民间文学与民俗学研究。主要著作有《水磨集》、《民间文艺论集》、《新园集》、《播谷集》，译著《磨坊书简》等，主编《中国民间故事选》、《延安文艺丛书·民间文学》、《中国新文学大系·民间文学卷》、《中国歌谣集成》，还编有《李大钊诗文选集》。

顾学颉 古典文学研究家

顾学颉（1913年—1999年），古典文学研究家。早年从北平师范大学国文系毕业后，先后在国立西北大学、西北师范学院、湖北师范学院、湖南师范学院、私立民国大学执教。1950年代初开始在北京人民文学出版社任职，专门从事古典文学书籍的编辑出版工作，曾任国家古籍整理规划出版小组顾问，《世界文库》丛书编委。毕生致力于有关中国古代文学作品与作家的学术研究，专于古典文学方面的古籍整理、校注考证和编辑出版，并擅长诗词写作和书法艺术。主要著作有《白居易集编年笺证》、《元明戏剧概说》、《顾学颉文学论集》、《介存斋论词杂著》、《坎斋诗词录》、《说古道今》，校注有《醒世恒言》、《元人杂剧选》、《白居易集》、《随园诗话》、《今古奇观》等多种，合著有《元曲释词》。

沈建中攝影

顧廷龍題

黄苗子（1913年—2012年），美术学家。早年在香港中华中学读书，师从邓尔雅研习书画。后在上海从事进步漫画创作活动，任上海大众出版社编辑。抗战时期辗转广州、重庆和香港等地参加抗日救亡文艺活动。1950年代起在北京人民美术出版社等单位从事编辑出版工作，老年时期旅居澳洲近十年，出任昆士兰格里菲斯大学客座教授。长期致力于中国美术史与画论研究，同时专于书法创作，擅长散文写作和艺术评论。主要著作有《美术欣赏》、《吴道子事辑》、《八大山人传》、《画坛师友录》、《货郎集》、《无梦庵流水帐》、《种瓜得豆》、《苗子说林》、《黄苗子散文》、《艺林一枝——古美术文编》，书法集出版有《黄苗子书法选》、《草书木兰词》、《当代书法精品集——黄苗子》，诗集《牛油集》等。

黄苗子　美术学家

程千帆（1913 年—2000 年），古典文学研究家。早在 1930 年代开始发表诗歌和评论，1936 年毕业于金陵大学中文系，获文学学士学位。1942 年起曾在金陵大学、四川大学执教，历任武汉大学中文系主任，南京大学教授，江苏省文史研究馆馆长，中国唐代文学学会会长。毕生从事中国古代文学的教学与研究，专于古典诗学、校雠学、古代文学史和古典文学理论研究，工诗词擅书法。主要著作有《目录学丛考》、《文论要诠》、《文学批评的任务》、《唐代进士行卷与文学》、《史通笺记》、《闲堂文薮》、《治学小言》、《古诗考索》、《闲堂诗存》，合著有《两宋文学史》、《校雠广义》、《古诗今选》、《被开拓的诗世界》、《程氏汉语文学通史》，主编有《中国古代文学英华》、《全清词》、《明清文学理论丛书》。

程千帆　古典文学研究家

葛一虹（1913年—2005年），戏剧学家。早年曾就读于上海大同大学，从学生时期即投身于我国进步的戏剧事业，1933年参加中国左翼戏剧家联盟，参与主编《新演剧》杂志。抗战时期担任中华全国文艺界抗敌协会理事，参加抗日爱国文艺活动以及戏剧运动，还任中苏文化协会研究委员会副主任。1950年代开始历任《外国戏剧》主编，中国戏剧出版社社长兼总编辑，中国戏剧家协会书记处书记，中国艺术研究院话剧研究所所长等职，曾参与主持编纂《中国左翼戏剧家联盟史料集》、《田汉文集》。长期从事戏剧艺术理论与戏剧史的研究、编辑出版与艺术组织活动，同时又致力于外国文学作品以及戏剧剧本的翻译介绍，主要译著出版有《带枪的人》、《生命在呼唤》、《作家与社会》、《马克思论文学》，主编有《中国话剧通史》，出版有《葛一虹文集》。

葛一虹　戏剧学家

马三立　曲艺艺术家

马三立（1914 年—2003 年），曲艺艺术家。童年时代随其父马德禄学习曲艺，1928 年从天津
汇文中学初中毕业后，又拜相声名家周德山（周蛤蟆）为师，专攻相声艺术，1930 年开始登
台表演，1932 年后在天津、北平、济南等地从事演出。1950 年代起任职于天津市广播曲艺团、
天津市曲艺团。1994 年被聘为中国艺术研究院特约研究员，培养出许多相声演员。毕生致力
于相声艺术整旧创新的研究与表演实践，擅演"贯口"和"文哏"段子，表演时内紧外松、
有条不紊，形成含蓄隽永的独特风格。历年表演的传统及新编创作曲目多达二百余种，主要
作品有《夸住宅》、《吃元宵》、《黄鹤楼》、《开粥厂》、《买猴儿》、《对对联》、《文章会》、《三
字经》、《逗你玩儿》，出版有《马三立相声选》。

王世襄 文物学家

王世襄（1914年—2009年），文物学家。早在燕京大学研究院求学时研究中国画论，获文学硕士学位。曾在四川中国营造学社研习中国古代建筑学。抗战胜利后参加清理追还被敌伪劫夺文物的工作，又任故宫博物院古物馆科长、编纂、陈列部主任，并赴国外考察博物馆，后在中国音乐研究所从事音乐史研究。历任故宫博物院研究员，国家文物鉴定委员会委员，中央文史研究馆馆员。长期从事文物的研究调查、搜集整理和鉴定著述，专于古代家具、髹漆、竹刻等传统工艺和民间游艺的系统研究，工诗词精书法。主要著作有《中国古代音乐书目》、《髹饰录解说》、《清代匠作则例汇编》、《竹刻艺术》、《明式家具研究》、《北京鸽哨》、《蟋蟀谱集成》、《说葫芦》、《中国画论研究》、《锦灰堆》、《自珍集》。

王西彦　作家

王西彦（1914 年—1999 年），作家。1930 年代初在北平中国大学国学系求学时开始创作短篇小说，1933 年加入中国左翼作家联盟。抗战爆发后在武汉参加战地服务团，编辑《观察日报》，1939 年在福建主编《现代文艺》月刊。先后在桂林师范学院、湖南大学、武汉大学、浙江大学任教。1950 年代曾任《文艺月报》编委，在上海作家协会从事专业文学创作并担任副主席，专于小说，早期多是浙东农村生活题材，后则多以知识分子生活为题材，晚年主要撰写回忆性散文；同时研究文艺理论和中外文学作品，写作文学评论，特别是鲁迅等现代作家作品。主要著作有《夜宿集》、《一段旅程》、《神的失落》、《古屋》、《寻梦者》、《村野的爱情》、《文学·科学·哲学》、《第一块基石》、《炼狱中的圣火》、《王西彦选集》。

沈建中摄影
顾廷龙题

车辐（1914年—2013年），戏曲艺术研究家。早年即投身于进步新闻事业，1936年创办《四川风景》，又在《民声报》、《星芒报》、《四川日报》担任记者。抗战期间加入成都青年记者协会，创办《四川漫画》社，曾任《华西晚报》采访部主任、中华全国文艺界抗敌协会成都分会理事。1942年起在西川艺专、岷云艺专执教。1950年代起在四川省文联任职，长期从事文艺活动，致力于戏曲艺术理论研究与表演实践，独创扬琴"车腔"；早期专于杂文、评论，后主要写作散文与随笔，题材大多是地方掌故及文人逸事；擅长美食文化研究。主要著述有《四川皮影》、《李德才的扬琴艺术》、《竹琴家贾树三唱腔艺术》、《评巴金的生平和创作》、《车辐散杂文集》、《川菜杂谈》、《采访人生——车辐文集》、《锦城旧事》。

车　辐　戏曲艺术研究家

沈建中摄影
顾廷龙题

龙国屏（1914年—2011年），美术家。幼承家学，临习古代书画作品。早年在中国银行、中央银行就职，工余孜孜勤于绘事，师从蜀中名家张兆芬。1939年投师于张大千门下，观读大风堂宋元书画藏本，专攻山水画法，兼研修花鸟、人物。虽然在银行业任职，但始终致力于中国画的创作事业与技法研究，注重写生，曾十上峨眉，九探青城，四游江南，两登黄山，西出嘉峪，东临沧海，所作山水画自成一家，久负盛名；同时能工花卉，善写翎毛。曾为北京天安门城楼创作巨幅山水画，历任成都市政协文史研究员，成都市书法家协会、四川省文史研究馆巴蜀书画研究会、成都丙戌金石书画研究会、徐悲鸿和张大千研究院顾问。代表作有《剑门天下壮》，并广为文博单位收藏，出版有《龙国屏画集》。

龙国屏　美术家

叶君健 翻译家

叶君健（1914 年—1999 年），翻译家。从学生时期开始写作，1931 年发表小说处女作《岁暮》。1933 年在武汉大学攻读，后奔赴国内外参加抗战爱国宣传及文化活动。曾在重庆大学、中央大学执教，又在英国研究欧洲文学，用英语、世界语进行文学创作。长期从事中外文化交流，创办编辑英文刊物《中国文学》；并创作小说和儿童文学作品。毕生致力于翻译事业，通晓英、西、意、法、德等外语，把汉语文学作品译成外语对外介绍，将安徒生童话从丹麦语直接译为汉语，译作《海的女儿》、《丑小鸭》、《白雪公主》深深感动了我国读者。主要译作有《中国战时短篇小说集》、《加里曼》、《安徒生童话全集》，小说《被遗忘的人们》、《土地三部曲》，散文《两京散记》，还有《叶君健童话故事集》、《叶君健文集》。

322

刘自椟（1914年—2001年），书法家。早在中学时期即师从陕西著名学者贺伯箴学习诗文和书法，历数年临习《峄山碑》、《会稽石刻》等先秦碑刻，又遍临清代邓石如、吴大澂、吴昌硕诸家，广泛研习甲骨文、金文和古代法帖。毕生致力于书法理论与技法的学术研究，以及创作实践和艺术交流活动，长期执教于西安工学院，出任教授，对古文字学、文物考古学、金石学等学科均有深入的研究；其作楷、隶、行、草各体皆能，尤以擅写篆书而闻名，形成独特的书风。历任中国书法家协会常务理事兼创作评审委员会委员，陕西省书法家协会主席，陕西省文史研究馆馆员兼书画研究会会长。主要著作出版有《漫谈书法与篆刻》、《刘自椟书法选》、《刘自椟书法作品集》等多种。

刘自椟 书法家

刘佛年（1914年—2001年），教育学家。1929年考入武汉大学就读哲学教育学系，毕业后在英国伦敦大学、剑桥大学和法国巴黎大学求学，期间还到德国柏林短期考察教育学科。曾在西北大学、湖南国立师范学院、暨南大学、上海师范专科学校、复旦大学执教。1951年参加华东师范大学的建校工作，历任教务长、副校长、校长、名誉校长，还任国务院学位委员会学科评议组成员，中国教育学会副会长，《中国大百科全书·教育卷》编委会副主任，上海哲学学会副会长。毕生从事我国教育学科的研究与教学，专于教育学理论和教育实验，主张推动全国基础教育改革。主要著作有《罗素论》、《刘佛年文集》、《刘佛年学述》，译著有《物理学的进化》，主编有《教育学》、《中国教育的未来》。

刘佛年　教育学家

邢公畹　语言学家

邢公畹（1914 年—2004 年），语言学家。1937 年毕业于安徽大学中国文学系，考入中央研究院历史语言研究所。曾在西南联合大学、苏联莫斯科东方学院、莫斯科大学执教，历任南开大学中文系主任，中国语言学会副会长。自大学时期开始研究历史语言学，长期从事语言学科的调查、研究与教学活动，1940 年代多次深入到云南少数民族地区调查侬语、偻语、傣仿语、黑彝语、傣雅语，致力于汉藏系语言的学术研究，在少数民族语言、文学语言、汉台语比较、古声韵、方言学、语法理论和语法史方面均有研究。主要著作有《远羊寨仲歌记音》、《语言论集》、《三江侗语》、《红河上游傣雅语》、《汉台语比较手册》、《邢公畹语言学论文集》，合著《莲山摆彝语文初探》、《唐诗拟音百首》，合译有《句法结构》。

朱家溍　文物学家

朱家溍（1914 年—2003 年），文物学家。1941 年毕业丁辅仁人学国文系，获文学学士学位。先后任重庆文化驿站管理处总干事、国民政府粮食部专员；曾在工艺美术学院兼课，同时兼任梅兰芳的艺术顾问。自 1943 年进入故宫博物院工作，长期从事我国的文物事业，致力于有关明清历史和古代书画、工艺美术史以及戏曲艺术的学术研究与考证鉴定，亦擅长书画和京剧。主要著述有《春秋左传礼徵》、《碑帖浅说》、《中国古代艺术概述》、《故宫画集》、《故宫所藏善本书目》、《明清时代有关西藏的文物》、《清代戏曲服饰》、《宋元以来对颜鲁公书法评价》、《两朝御览图书》、《明清帝后宝玺》、《历代著录法书目》、《清代后妃首饰》，另出版文集《故宫退食录》，主编有《国宝》、《中国美术全集·工艺编》。

沈建中摄影
顾廷龙题

杨沫（1914年—1995年），作家。1928年进入北京温泉女子中学求学，后因故辍学，做过小学教员、家庭教师、书店店员。1934年在北京《黑白》杂志上发表处女作《热南山地居民生活素描》，此后在上海《大晚报》《中流》等报刊发表进步的短篇小说。抗战时期，在晋察冀边区根据地参加抗日救亡妇女运动及文化宣传工作，曾任《黎明报》《晋察抗日报》《人民日报》编辑，写出许多反映爱国抗日的通讯报道、散文和小说。1952年任中央电影局剧本创作所编剧，长期在北京从事文学创作和电影编辑，擅长写作长篇小说。历任北京市文联主席、《北京文学》主编。主要作品有《苇塘记事》《青春之歌》《芳菲之歌》《英华之歌》《红红的山丹花》《自白——我的日记》《不是日记的日记》，出版有《杨沫文集》。

杨 沫 作家

杜宣（1914年—2004年），作家。早年在《九江日报》发表诗文，参与组织三三剧社，1933年加入中国左翼戏剧家联盟。在日本留学期间，参加左翼文学和戏剧活动，1935年在《东方文艺》上首次发表剧作《烽火》。抗战爆发即归国投身于抗日救亡的爱国戏剧运动，先后编辑《戏剧春秋》、《群报》、《评论报》，曾任新中国剧社社长、香港大千印刷出版社社长。1950年代起历任上海戏剧家协会主席、上海作家协会副主席、《文学报》总编辑等职，长期从事中外文化交流活动，尤专于话剧与电影剧本创作，写散文和诗歌，还擅长书法艺术。主要作品有剧作《无名英雄》、《长虹号起义》、《上海战歌》、《鲁迅传》、《彼岸》、《梦迢迢》，散文集《飞絮·浪花·岁月》、《芳草梦》，诗集《桂叶草堂诗钞》，还出版有《杜宣文集》。

杜　宣　作家

沈建中摄影
顾廷龙题

吴调公（1914年—2000年），文学理论家。早年即从事文学创作和评论，曾参加文学刊物的编辑活动。1935年从大夏大学中文系毕业，获文学学士学位。先后在镇江弘仁护士学校、镇江师范学校、光华大学附中执教，1950年代起历任苏州江苏师范学院副教授，南京师范大学教授，江苏省美学学会会长。长期从事中国文学理论的学术研究与教学活动，早期侧重现当代文学理论的批评研究，后期则偏重有关古代文论和美学方面的理论研究。主要著作有《海市集》、《短剧三种》、《与文艺爱好者谈创作》、《文学分类的基本知识》、《谈人物描写》、《李商隐研究》、《古代文论今探》、《古典文论与审美鉴赏》、《神韵论》，主编《中国美学史资料类编·文学美学卷》、《公安三袁选集》、《竟陵派钟惺谭元春选集》、《文学学》。

吴调公 文学理论家

陈明达（1914年—1997年），古建筑史学家。1932年进入中国营造学社，初为绘图员，又升为研究生，师从刘敦桢、梁思成，赴全国二百余县考察古建筑遗构。抗战期间随中国营造学社南迁，在西南地区继续从事古建筑调查。1944年起在重庆任中央设计局研究员，加入中国工程师协会为正会员。1953年后历任文化部文物局总工程师兼业务秘书，文物出版社编审，中国建筑技术研究院建筑历史研究所研究员。毕生从事我国建筑历史学研究，专于古建筑学史和古雕塑艺术史，对汉代石阙、北魏晚期石窟尤有研究，主持《中国古代建筑史》及《中国大百科全书·建筑卷》部分编写。主要著作有《应县木塔》、《巩县石窟寺》、《营造法式大木作制度研究》、《陈明达古建筑与雕塑史论》。

陈明达 古建筑史学家

陈残云（1914年—2002年），作家。1935年在广州大学教育系求学时期就开始写作，投身于进步的爱国文学活动，出版了诗集《铁蹄下的歌手》，多年来先后参加《广州诗坛》、《诗场》、《中国诗坛》、《文艺生活》、《青年周刊》和《电影周刊》等刊物的编辑工作；曾任桂林文化界抗敌工作队队长、香港南国影业公司编导室主任。1950年回到广州出任华南文学艺术学院秘书长并任教授，1953年起在广东省作家协会从事专业文学创作，还任广东省作家协会主席等职。专长于小说和电影文学剧本创作，主要作品有小说集《风沙的城》、《南洋伯还乡》、《热带惊涛录》、《香飘四季》、《山谷风烟》，电影剧作《珠江泪》、《椰林曲》、《羊城暗哨》、《南海潮》（合作），散文集《珠江岸边》、《异国乡情》。

陈残云　作家

周而复（1914年—2004年），作家。1933年进入上海光华大学英国文学系求学，开始创作诗歌、小说，加入中国左翼作家联盟。1938年赴延安，曾在陕甘宁边区、晋察冀边区和重庆从事抗日文艺宣传和写作。抗战胜利后以新华社特派员身份到东北、华北、华中等地采访，又在香港从事文学活动。多年来先后编辑《文学丛报》、《小说家》、《文艺突击》、《群众》、《小说月刊》，主编《北方文丛》。1949年后在上海、北京从事文化宣传工作和中外文化交流活动，历任文化部副部长，中国书法家协会副主席等职。长期致力于文学创作，还擅长书法艺术。主要著作有《夜行集》、《春荒》、《燕宿崖》、《白求恩大夫》、《上海的早晨》、《长城万里图》、《怀念集》，出版书法集《周而复书琵琶行》、《周而复书法作品选》。

周而复　作家

赵清阁（1914年—1999年），作家。1932年从开封艺术高中毕业，以半工半读肄业于河南大学中文系。1933年考入上海美术专科学校，曾任天一影片公司文学编辑和女子书店总编辑。1938年在武汉加入中华全国文艺界抗敌协会。1948年在上海戏剧专科学校任教，兼任大同影业公司编剧。1950年代后任上海电影制片厂编剧，上海社会科学院文学研究所研究员。多年来先后主编《妇女文化》、《弹花》、《中西文艺丛书》、《神州日报》副刊，毕生从事散文、小说及戏剧、电影剧本的写作。主要著作有小说集《旱》、《华北的秋》、《月上柳梢头》、《白蛇传》、《梁山伯与祝英台》，剧作《生死恋》、《粉墨青青》、《红楼梦话剧集》，散文集《浮生若梦》、《长相忆》，论著《编剧方法论》、《抗战文艺概论》。

赵清阁　作家

344

骆玉笙（1914年—2002年），曲艺艺术家。自幼习艺，在上海大世界演唱京剧，艺名小彩舞。从1930年代初期由清唱京剧改唱京韵大鼓，1936年后开始辗转济南、天津、北平一带演出。1950年代起历任天津市曲艺团副团长，天津市文联副主席，中国曲艺家协会副主席、主席等职。毕生从事曲艺表演实践与研究，专于京韵大鼓，广泛吸收南北曲艺、二黄及江南民间小曲，在"刘派"、"少白派"唱腔基础上兼采众长，形成独具一格的"骆派"，声情激越、嗓音甜美、韵味醇厚，被誉为"金嗓鼓王"。擅演传统曲目主要有《剑阁闻铃》、《红梅阁》、《子期听琴》和新曲《四世同堂》主题曲《重整河山待后生》及《英雄黄继光》、《正气歌》、《万民争颂孔繁森》、《北京颂》，还出版有《骆玉笙演唱京韵大鼓选》。

骆玉笙　曲艺艺术家

梅 志 作家

梅志（1914年—2004年），作家。1931年在上海培明女中就读，1932年加入中国左翼作家联盟，经常随胡风拜访鲁迅，曾受鲁迅委托代抄瞿秋白烈士遗稿。1944年参加中华全国文艺界抗敌协会。长期协助胡风从事文学活动，编辑文艺刊物《七月》、《希望》以及重庆"希望社"的社务工作。1955年起因胡风冤案被迫停止写作，直到1980年又重新执笔，成为中国作家协会驻会专业作家。从1930年代起从事文学创作，写作小说、散文和诗歌，长于儿童文学创作，晚年写有大量回忆文章。主要著作有《小面人求仙记》、《小红帽脱险记》、《小青蛙苦斗记》、《听来的童话》、《梅志童话诗集》、《梅志童话》、《花椒红了》、《长情赞》（合集）、《珍珠梅》、《往事如烟》、《我与胡风》、《少年胡风》和《胡风传》。

舒諲（1914年—1999年），作家。1934年毕业于上海国立暨南大学政治经济系，学生时期就参加进步话剧运动。抗战期间积极投身于抗日救亡戏剧活动，1938年作为广州记者团成员访问延安，并前往八路军总部和山西前线采访。长期从事左翼文学事业，致力于戏剧电影的评论与创作，剧作以爱国历史题材为主，参与创办剧社，先后担任《晨报》电影版、《导报》副刊、《抗战戏剧》编辑等职。1950年代后一直从事经济研究工作，出任《中国金融》总编辑，同时专长于散文写作。主要著作有剧作《精忠报国》、《董小宛》、《浪淘沙》，散文集《战斗中的陕北》、《万里烽烟》、《扫叶集》、《京华见闻杂记》、《饮食男女》，译著《中国的再生》、《爱国者》（合译），主编有《演剧艺术讲话》、《世界名剧精选》。

舒 諲 作家

沈建中攝影

顧廷龍題

于光远（1915年—2013年），社会科学家。早年从清华大学物理系毕业后任岭南大学助教。1936年在上海曾与艾思奇等人一起组织自然科学研究会，此后长期从事有关哲学、经济学以及政治、社会、教育、文化等学科的学术研究与组织活动，曾翻译恩格斯《自然辩证法》，先后担任《解放》、《解放日报》、《学习》的编辑工作，参加主编《中国大百科全书》，老年时期主要致力于散文写作。一生治学所涉及的领域非常广泛，著述颇丰。主要著作出版有论著《政治经济学社会主义部分探索》、《哲学论文、演讲和笔记》、《社会主义市场经济主体论》、《论社会科学研究》、《我的教育思想》，散文集《碎思录》、《思维的年轮》、《文革中的我》、《窗外的石榴花》、《我亲历的那次历史转折》、《朋友和朋友们的初集》。

于光远　社会科学家

方行（1915 年—2000 年），文史学家。1937 年加入上海文化界救亡协会，后进沪江大学社会科学讲习所学习并任同学会主席，又参加筹建江淮大学等文化、经济抗战工作，曾任《学习》、《大耳朵丛书》等副主编。1950 年代起在担任行政领导职务同时，并出任文化、学术界的组织领导工作，历任上海市文管会副主任、上海市文物图书收购鉴别委员会主任委员、中国古籍善本书目编委会副主任、上海图书馆学会会长、复旦大学历史系兼职教授，主编《图书馆杂志》、《上海文献丛书》、《中国文化》，主持编辑出版《中国近代期刊篇目汇录》、《萝轩变古笺谱》、《宋人佚简》、《鲁迅辑校古籍手稿》，编有《谭嗣同全集》、《瞿秋白文集》、《李大钊选集》、《郑振铎文集》、《徐光启著译集》、《樊锥文集》等多部，合著《行南文存》。

方　行　文史学家

沈建中摄影
顾廷龙题

354

王仲镛（1915年—1997年），古典文学研究家。早年在南充中学毕业后，曾先后在成都、重庆等地工作和学习。1935年考入华西大学中国文学系，1939年毕业后即留校担任助教、讲师，1945年起任副教授。1956年开始一直在四川师范大学执教，历任历史系、中文系和中国古代文学研究所教授。毕生从事中国古代历史和古典文学的教学与科研活动，专长于历代经典诗文的考证、校注、编辑和赏析，能诗词又擅书法。曾参与《杨升庵丛书》、《新编全唐五代文》、《巴蜀文粹》的编纂，发表论文《庄子〈逍遥游〉新探》等十余篇，主要著作有《升庵诗话笺证》、《唐诗纪事校笺》、《绝句衍交笺注》、《〈益部耆旧传〉辑补校释》，主编有《赵熙集》、《韩愈诗文赏析集》，合编有《中国历代文选》。

王仲镛　古典文学研究家

冯英子 作家

冯英子（1915年—2009年），作家。自1932年起投身于我国新闻报刊事业，先后辗转在苏州、上海、武汉、邵阳、桂林、衡阳、吉安、沅陵、南京、香港等地的通讯社或报社从业，供职于《民报》、《新昆日报》、《苏州早报》、《大晚报》、《大公报》、《力报》、《桂林日报》、《正中日报》、《前方日报》、《中国晨报》、《中国日报》、《新中华日报》、《大江南报》、《星期报》、《周末报》、《文汇报》、《新闻日报》、《新民晚报》，历任记者、主笔、编辑、总编辑、社长，1938年任中国青年新闻记者学会组织总干事。专于通讯、特写和评论的写作，擅写杂文，并致力于文史研究。主要著作有《水浒人物论》、《苏杭散记》、《长江行》、《移山集》、《相照集》、《报海忆旧》、《我走过的道路》、《冯英子杂文自选集》。

刘九庵（1915年—1999年），文物学家。1930年进入北京琉璃厂悦古斋字画店从业，1942年起自行经营字画业务，长期从事中国古代书画的鉴定。1956年开始在故宫博物院从事研究工作，致力于古代书画的调查、征集与整理，对书画史和有关文物鉴别均有较深的研究，尤擅长对历代书画的真伪考辨。1962年和1983年两度参加中国古代书画鉴定组，对全国范围现存藏品进行考察鉴定。自1970年代起，数次远赴美国及中国香港、台湾等地考查流失域外的古书画，并进行讲学和学术交流。历任国家文物鉴定委员会常务委员等职。主要著述有《宋元明清书画家传世作品年表》、《刘九庵书画鉴定集》、《中国历代书画鉴别图录》、《祝允明草书自诗与伪书辨析》，主编《中国文物精华大全·书画卷》、《中国古代书画图录》。

刘九庵 文物学家

360

沙博理（1915 年—2014 年），翻译家。早年在美国担任律师。1947 年来到上海，后定居于北京，1963 年加入中国籍。长期担任外文出版局专家，历任《中国文学》、《人民画报》译审，中国翻译家协会理事，中国作家协会会员，全国政协委员。长期从事中外文化交流，致力于向世界翻译介绍中国文学作品，经他译为英文出版的作品有中国古典名著《水浒传》以及《新儿女英雄传》等现当代小说，包括茅盾、巴金、赵树理、柳青等作家的名篇。曾在几部中国电影中客串过角色。主要著作有《一个美国人在中国》、《犹太人在古代中国》、《中国学者论述中国古代犹太人》、《马海德传》、《中国古代刑法与案例传说》，编译《明王朝至毛泽东时代中国文学精选》，出版有英文自传体著作《我选择中国》。

沙博理　翻译家

杨仁恺 文物学家

杨仁恺（1915年—2008年），文物学家。早年就读旧制高中理科，辍学后任中学教员、校对员谋生，先后任重庆巴渝印刷所和说文出版社印刷所经理，长江音乐专科学校讲师。1945年复员到北平。1949年任东北人民政府文化部文物处研究员，1952年在长春处理溥仪伪宫流散历代书画和善本古籍，整理多达一千余种。历任辽宁省博物馆副馆长、名誉馆长，国家文物鉴定委员会委员，中央美术学院研究生导师。长期从事文物鉴定、征集、登记和博物馆陈列设计，专长于美术史研究及古书画鉴定，1980年代起为中国古代书画鉴定小组成员，在全国范围过目鉴定古书画六万件以上。同时还擅长书法艺术。主要著作有《高其佩传》、《国宝沉浮录》、《中国书画鉴定学稿》、《沐雨楼文集》，主编《中国古代书画图录》。

沈建中摄影
顾廷龙题

杨志玖（1915 年—2002 年），历史学家。早年就学于北京大学历史学系，1941 年从西南联合大学北大文科研究所毕业，获历史学硕士学位。曾在西南联合大学南开大学历史系执教，并在中央研究院历史语言研究所任助理研究员。1946 年 10 月起一直在天津南开大学任教，主讲隋唐五代史、宋辽金元史、中西交通史、中国土地制度史等课程，毕生致力于隋唐史、元史以及蒙古史的学科研究，侧重对隋唐时期的政治史、元代时期的回族史进行研究。并任《历史教学》编委会主任、中国元史研究会名誉会长。重要论文有《关于马可波罗离华的一段汉文记载》、《再论方腊起义没有提出平等口号》，主要著作有《隋唐五代史纲要》、《元史三论》、《马可波罗在中国》，主编有《中国历史大辞典·隋唐五代史卷》。

杨志玖 历史学家

沈建中攝影　顧建龍題

杨宪益（1915 年—2009 年），翻译家。1936 年赴英国牛津大学求学，参与编辑《抗战时报》，1940 年获文学硕士学位。回国后曾任中央大学副教授，贵阳师范学院教授、英语系主任，成都光华大学教授，重庆和南京国立编译馆编纂。从 1952 年起在北京外文出版社翻译部工作，历任《中国文学》杂志社翻译、总编辑，中国社会科学院外国文学研究所研究员等职。长期从事中外文化交流活动，致力于中国文学作品的英文翻译工作，与夫人戴乃迭联袂合译（中译英）从先秦诗文到《红楼梦》，多达百余种，其中有《楚辞》、《水浒》、《儒林外史》、《鲁迅文集》、《中国古代寓言选》等。主要著作有《零墨新笺》、《卖花女》、《近代英国诗钞》、《漏船载酒忆当年》。还擅长旧体诗的写作，出版有《银翘集》。

杨宪益　翻译家

杜仙洲　古建筑学家

杜仙洲（1915年—2011年），古建筑学家。1942年毕业于北京大学工学院建筑工程系。曾任北平文物整理委员会技士等职。1950年代后，历任文化部文物局古代建筑修整所工程师，文化部文物保护科学技术研究所及中国文物研究所高级工程师，文物局古建筑专家组成员。长期从事我国历代古典建筑的历史研究、文物调查与修缮保护，专长于古代建筑维修的勘察设计及指导施工，先后参加并主持故宫武英殿、慈宁宫，北京白塔寺、大钟寺、天坛、颐和园、北海，五台山佛光寺，太原晋祠，泉州开元寺、承天寺等处的维修项目。主要著述有《中国古代建筑概论》、《中国古建筑修缮技术》、《中国明清建筑彩画图案》、《泉州古建筑》、《山西永乐宫研究报告》，主编有《中国古代建筑技术史》多种。

严文井（1915年—2005年），作家。早在湖北省立高级中学求学时就在报上发表散文，毕业后在北京图书馆做职员，继续从事文学写作，1937年春出版处女作散文集《山寺暮》。1938年5月进入延安抗日军政大学学习，曾在陕甘宁边区文化协会工作和延安鲁迅艺术文学院文学系任教。1945年出任《东北日报》副总编辑。1950年代起在北京从事文学活动、出版工作及中外文学交流，历任《人民文学》主编，作家出版社社长，人民文学出版社社长。长期从事文学写作，专于儿童文学创作，自1941年开始出版童话作品集，主要作品有《南南和胡子伯伯》、《丁丁的一次奇怪的旅行》、《蚯蚓和蜜蜂的故事》、《唐小西在"下一次开船港"》，长篇小说《一个人的烦恼》，还有《严文井童话寓言集》、《严文井散文选》。

严文井　作家

邹健东　摄影家

邹健东（1915年—2005年），摄影家。1938年开始在福建新四军军部从事摄影工作。1946年任山东军区《华东画报》社记者。1947年起在新华社解放军华东前线分社担任摄影记者，先后参加许多重大战役，曾任南京《新华日报》摄影组组长，1952年后在北京新华社摄影部中央新闻组任组长。1965年起在新华社广州军区分社工作，历任编委、摄影组组长、采编部副主任。1976年回到北京任新华社高级记者，获中央军委授予二级红星功勋章。从老区土改到解放战争期间拍摄了大量珍贵历史照片，采访1981年华北军事大演习，专于华东地区抗日和解放战争时期摄影史料研究，撰有多篇论文。作品出版有《英雄军队的巡礼》、《邹健东摄影集》，主编有《华东抗日解放战争摄影集》、《历史的踪影》。

赵瑞蕻 外国文学研究家

赵瑞蕻（1915年—1999年），外国文学研究家。1935年考入大夏大学中文系，又转入山东大学外文系，后进入西南联合大学外文系就学，曾参与组织五月社、南湖诗社、高原文学社，并开始从事文学翻译，出版的译作《红与黑》为第一个中译本。先后任教于中央大学、南京大学等校，期间曾在德国莱比锡大学讲授汉语和中国文学。毕生从事诗歌创作与文学翻译，致力于中西比较文学、浪漫主义文学的学术研究和教学活动，是中国比较文学学会发起人之一。主要著作有诗集《梅雨潭的新绿》、《诗的随想录》，译著《梅里美短篇小说选》、《爱的毁灭》、《列宁》、《欢乐颂与沉思颂》，论著《马雅可夫斯基研究》、《中国现代文学的主潮》、《鲁迅〈摩罗诗力说〉注释·今译·解说》、《诗歌与浪漫主义》，还有《离乱弦歌忆旧游》。

赵宏本（1915年—2000年），美术家。少年自学步入画坛，以创作连环画谋生，1930年代崭露头角，被誉为上海连环画"四大名旦"之一。抗战期间创作《海国英雄》等爱国题材作品。曾任"连环画人联谊会"会长等职。1949年起历任上海新声出版社社长，上海市连环画作者联谊会理事长，新美术出版社编辑部副主任。1956年起任上海人民美术出版社连环画创作室主任，并任中国美术家协会上海分会常务理事，中国连环画研究会副会长。长期致力于连环画创作和组织工作，一生创作出版连环画三百多部，擅长单线白描和工笔重彩的技法，画猴为一绝。1962年与钱笑呆合作《孙悟空三打白骨精》，堪称经典。代表作品有《七侠五义》、《阿Q正传》、《上海即景》、《扬州十日》、《瑶池赴会图》、《水浒一百零八将》。

赵宏本　美术家

特 伟 美术电影艺术家

特伟（1915 年—2010 年），美术电影艺术家。1935 年在上海开始从事进步漫画创作活动。抗战爆发即投身于抗日救亡的宣传工作，参与组织抗日漫画宣传队，创办和编辑《战斗画报》、《漫画战线》等画刊。1947 年后在香港参加组织人间画会并任秘书，参与组办《周末报》漫画班和创办《这是一个漫画时代》丛刊，所作连环漫画《大独裁者》，影响广泛。1950 年代后在上海从事美术电影事业以及创作活动，专长于动画影片的编导，在国内外多次获得各种奖项，历任上海电影制片厂美术组组长、上海美术电影制片厂厂长、中国动画学会会长，是新中国美术电影的奠基人。主要编导美术影片有《骄傲的将军》、《小蝌蚪找妈妈》、《牧笛》、《山水情》，联合导演有《金猴降妖》，出版有《特伟讽刺漫画集》、《风云集》。

沈建中摄影
顾廷龙题

徐中玉（1915年—2019年），文学理论家。1934年考入山东大学中文系，并从事文学创作与评论。抗战爆发转入四川中央大学，参加中华全国文艺界抗敌协会。1941年起在中山大学、山东大学、同济大学、复旦大学、沪江大学执教，1952年后历任华东师范大学教授、中文系主任、文学研究所所长，并任上海作家协会主席。曾主编《益世小品》、《新地》、《艺文集刊》、《文学周刊》、《每周文学》、《报告》、《语文教学》、《中文自学指导》、《文学理论研究》。长期致力于古代文论、文学评论、创作理论、语文教育的研究和教学。主要著作有《抗战中的文学》、《写作和语言》、《鲁迅遗产探索》、《论文艺教学和语文问题》、《古代文艺创作论集》、《激流中的探索》，主编《大学语文》、《大学写作》、《古代文学作品选》。

徐中玉　文学理论家

赖少其　美术家

赖少其（1915 年—2000 年），美术家。早年即从事进步漫画、木刻和新诗创作，投身于鲁迅倡导的新兴木刻运动，是现代版画研究会主要负责人之一，在《文学》等刊物上发表版画作品，被鲁迅称为"最有战斗力的青年木刻家"。1936 年毕业于广州美术专科学校西洋画系。抗战期间参加抗日救亡宣传工作，1939 年赴皖南加入新四军，创作歌词《渡长江》。1950 年代后曾在南京大学、金陵大学任教，又先后在上海、安徽、广州从事文艺活动和组织工作，毕生致力于美术创作事业，是新黄山画派的执旗人，"中国版画新徽派"的主要创始人，其书法亦独具一格。主要代表作品有版画《海港灯光》、国画《黄山之夏》、书法《太平湖上行》，还出版有《赖少其画集》、《赖少其山水画》、《赖少其书画选集》。

廖冰兄（1915 年—2006 年），美术家。早年就在上海、广州、香港报刊上发表进步漫画，并参加话剧运动。1935 年毕业于广州师范学校。抗战期间，举办《廖冰兄抗战连环漫画展》，加入抗战漫画宣传队，辗转各地从事救亡文艺活动。1945 年在重庆参加《八人漫画联展》，1946 年举办《猫国春秋漫画展》，轰动一时。后在香港参加人间画会和《风雨中华》漫画展。1950 年代起历任广州文联编辑出版部部长，华南文艺学院教授，中华书局广州编辑室编委，广东木偶剧团美术设计，广东省美术家协会副主席。曾参与编辑《公仔报》、《漫画与木刻》、《阵中画报》、《这是一个漫画时代》、《快活报》，专于创作讽刺漫画，出版有《冰兄漫画（1932 年至 1982 年作品选）》、《廖冰兄漫画选页》、《中国漫画书系·廖冰兄卷》。

廖冰兄　美术家

丁　聪　美术家

丁聪（1916年—2009年），美术家。1930年代初就发表漫画作品，为联华、新华电影公司编画报。抗战时期以漫画为武器，投入救亡运动，编辑《良友》、《大地》、《今日中国》画报，又为《救亡漫画》作画。几年间辗转各地担任《雾重庆》、《钦差大臣》、《正气歌》、《北京人》、《升官图》等话剧的舞台美术设计，创作了《阿Q正传插图》、《现象图》。1945年起为《周报》、《文萃》、《民主》创作漫画，参与主编《清明》杂志。1950年代后曾任《人民画报》副总编辑、《装饰》杂志主编等职。长期从事漫画创作，并擅长为文学作品插图，也为文学艺术家作漫画肖像。主要出版有《鲁迅小说插图》、《丁聪插图》，漫画集《小朱从军记》、《昨天的事情》、《古趣集百图》、《我画你写》等，还有《丁聪漫画选》。

沈建中摄影
顾廷龙题

王达津（1916年—1997年），古典文学研究家。1936年考入武汉大学文学院就读，开始在《大夏大学诗刊》、《武汉日报》、《大光报》等报刊上发表抗日爱国的新诗和旧体诗词。1941年又进入西南联合大学北大文科研究所，获文学硕士学位。毕业后曾在中央大学、北京大学、东北师范大学、南开大学执教。毕生从事有关中国古典文学的理论研究、教学活动和古籍整理，从先秦诗文到明清戏曲诸方面都有过深入研究，偏重在古代文论及唐代文学，尤长于对唐诗和古代文学批评史的考证与研究，是率先在大学里开设"文学批评史"课程的教授之一。主要著作有《古典文学研究丛稿》、《唐诗丛考》、《中国古代文学理论研究论文集》、《中国古代诗论译注》、《王维孟浩然选集》、《中国文学批评史》，合著有《中国古典文论选》。

王达津 古典文学研究家

刘白羽（1916年—2005年），作家。1936年毕业于北平民国学院文学系，发表第一篇小说《冰天》，1937年出版小说集《草原上》。1938年在延安参加文艺工作团，遍历华北游击根据地，编辑《文艺突击》杂志，先后出版小说集《五台山下》、《太阳》。1944年在重庆任《新华日报》副刊编辑。1946年任新华社随军记者，在东北、平津、江南等战场采访，创作许多报告文学和小说。1950年代初参与编摄纪录片《中国人民的胜利》，获斯大林文艺奖金；历任中国作家协会副主席、文化部副部长等职，长期在北京从事文化活动与文学创作，长于散文和小说。主要作品有《早晨的太阳》、《红玛瑙集》、《长江三日》、《第二个太阳》、《心灵的历程》、《风风雨雨太平洋》，另有《刘白羽散文选》、《刘白羽小说选》。

刘白羽　作家

朱季海（1916 年—2011 年），文史学家。十六岁时师从章太炎先生，深受器重，称其为"千里驹"。1935 年章氏国学讲习所创办后，朱季海担任主讲人。1946 年在南京国史馆任职。1949 年在苏州第三中学教书。传说他毕生只任过两年半公职。1990 年代，应邀为苏州铁道师范学院文学、史学、美术三个系学术带头人指导讲学。曾任苏州博物馆、苏州宣传部工农联盟顾问。精通英、德、日、法语，治学领域广泛，凡音韵、训诂、考证之学，又治文史，博通精微，著述丰富，其作《楚辞解故》被誉为学术界"天书"，出版有《庄子故言》、《南齐书校议》、《南田画学》、《南田画跋》、《石涛画谱》，还发表论文《读蕲春遗书漫笔》、《毛诗评议序》、《释溪坑》、《释洞过水》、《瘗鹤铭新语》，出版有《朱季海著作集》。

朱季海　文史学家

任继愈（1916年—2009年），社会科学家。1938年从北京大学哲学系毕业后，进入西南联合大学北大文科研究所，师从汤用彤、贺麟攻读中国哲学史和佛教史，1941年获硕士学位。历任北京大学教授，中国社会科学院世界宗教研究所所长、研究生院博士生导师，北京图书馆馆长，中国国家图书馆馆长等职，经常参加中外文化学术交流活动。长期致力于有关中国哲学史、佛教史、道教史等方面的教学活动和学术研究，研究方向是探讨儒教、佛教、道教思想及其三者的相互关系。主要著作有《墨子》、《老子全译》、《汉唐佛教思想论集》、《中国哲学史论》、《天人之际》，主编《中国哲学史》、《中国佛教史》、《中国道教史》、《宗教大词典》、《中华大藏经》，还出版有《任继愈学术文化随笔》、《任继愈学术论著自选集》。

任继愈 社会科学家

陈冰夷 外国文学研究家

陈冰夷（1916 年—2008 年），外国文学研究家。1933 年从江苏省立上海中学毕业后即考入开明书店，投身于进步的编辑出版事业，参与创办新青年书店，同时自学外语，1938 年开始翻译苏联文学作品。以后进入上海时代出版社，曾任《时代》、《苏联文艺》编译。1949 年开始在北京时代出版社任职。1953 年后担任中国作家协会书记处书记，分管创作与理论批评工作；又任外国文学委员会副主任。历任《译文》副主编，《世界文学》主编，《外国文学动态》主编，中国社会科学院外国文学研究所副所长，同时还负责外国文学现状研究组的工作。长期致力于西方文艺理论研究以及外国文学作品翻译，尤专长于外国文艺思潮、创作流派的学术研究。主要译著出版有《暴风雪》、《俄罗斯人》、《游街》、《最后一代》、《谈文学》。

郁　风　美术家

郁风（1916年—2007年），美术家。1928年在北京师大女附中就学，后入北平艺术专科学校、南京中央大学艺术系。1930年代在上海参加救亡运动，创作插图、漫画，参加戏剧活动。后赴广州参与创办《救亡日报》，在粤北四战区从事美术宣传，又至香港任《星岛日报》《华商报》编辑，主编《耕耘》杂志。1940年代在桂林、成都、重庆、南京从事爱国文艺活动，办画展、写散文、任话剧美术设计和编辑《新民报》副刊。1950年代起在北京中国美术家协会、中国美术馆任职，曾任《新观察》副主编；长期主持美术展览工作和从事中外艺术交流，专于美术创作与评论以及散文写作，出版有《我的故乡》《急转的陀螺》《时间的切片》《美比历史更真实》《陌上花》，编有《郁曼陀陈碧岑诗抄》《郁达夫海外文集》。

400

罗工柳（1916年—2004年），美术家。1936年考入国立杭州艺术专科学校就学，1938年在国民党政府军事委员会政治部第三厅参加抗日救亡运动，同年进入延安鲁迅艺术文学院学习，随鲁艺木刻工作团赴太行山根据地工作。1946年起在北方大学文艺学院、华北大学文艺学院执教，1953年后历任中央美术学院绘画系主任、副院长，1955年赴苏联进修，并任中国美术家协会书记处书记等职。长期从事美术教育与艺术创作，早期致力于版画，后期则专攻油画，擅长历史题材创作和风景画，1997年举办"罗工柳艺术回顾展"，代表作有《鲁迅像》、《地道战》、《整风报告》、《前仆后继》，主持中国人民银行发行的第二、三、四套人民币设计。出版有《罗工柳油画选集》、《罗工柳风景人像选》、《罗工柳艺术对话录》。

罗工柳　美术家

赵蕴玉　文物学家

赵蕴玉（1916 年—2003 年），文物学家。早年在中学就读时，因酷爱书画而辍学在家专习书画、诗词。抗战期间在四川阆中任中学教员，又在成都岷云艺术专科学校执教。1945 年在成都师从张大千。1949 年后曾在川北行署从事戏剧改革工作。1952 年起在四川省博物馆任职，从事古书画的鉴定与修复，专于临摹，为博物馆复制馆藏的宋元书画，惟妙惟肖，久负盛名。历任四川省文史研究馆馆员，四川省诗书画院顾问。毕生致力于中国画创作，凡工笔、写意、重彩、白描皆精，尤擅长仕女、花鸟，绘有峨眉山全景巨幅。同时能书法、工诗词、善古琴、喜舞剑。出版作品有《秋菊双猫》、《沙际群鹤》、《演乐图》、《蜀宫乐伎》、《薛涛制笺》、《闺中赏心十二事》、《簪花图》，另出版有《赵蕴玉作品集》、《赵蕴玉诗书词选》。

钟树梁　古典文学研究家

钟树梁（1916年—2009年），古典文学研究家。自少年时期即有志于研习古代诗文，尤醉心攻读杜诗，多能成诵。早年就读于四川大学中文系，师从庞石帚诸名家。大学毕业以后，曾任中学语文教师，又先后在四川大学、成都师范专科学校、成都大学执教，历任教授、副校长，并任四川诗词学会名誉会长，四川杜甫研究会名誉会长等职。长期从事有关中国古典文学的教育事业与学术研究，专长于古代声韵学和杜甫诗歌方面的研究，在语文教学实践上颇有建树；同时致力于诗词创作，历年发表作品多达千余首。主要著作有《中国古声韵学要籍评析》、《评瑞典高本汉〈中国音韵学研究〉》、《中国历代女才人评介》、《杜诗研究丛稿》、《学杜斋诗集》、《草堂之春——钟树梁散文集》和《钟树梁诗词集》。

沈建中攝影
顾廷龙题

莫宗江（1916 年—1999 年），古建筑史学家。1931 年进入中国营造学社，参加考察 123 个县市约 2000 个遗址、遗构，参与中央研究院对前蜀王建墓的考察。曾任国徽设计小组、雁北文物勘察团成员。1946 年起在清华大学任副教授、教授，并任中国建筑学会建筑史分会副主任，《中国美术全集·建筑卷》学术顾问。毕生致力于中国建筑历史学研究，还专于城市和造园发展史，参加清华大学"中国古代建筑理论及文物建筑保护"研究项目，担任梁思成的主要助手，曾为梁思成《中国建筑史》绘制建筑图，又协助林徽因从事景泰蓝艺术创新。主要著述有《宜宾旧州白塔宋墓》、《山西榆次永寿寺雨华宫》、《应县、朔县及晋祠古代建筑》、《滦源阁院寺文殊殿》，合著有《巩县石窟寺雕刻的风格及技巧》。

莫宗江　古建筑史学家

贾植芳（1916年—2008年），作家。早年在北平崇实中学就读时参加爱国学生运动。曾在日本大学攻读经济和社会学科，参加留日学生文艺活动。抗战爆发即回国投身抗日救亡工作，参加中华全国文艺界抗敌协会。抗战胜利后在上海主编《时事新报·青光》，以著译为生。1950年任震旦大学中文系主任，1952年后历任复旦大学中文系教授、现代文学教研室主任、图书馆馆长，上海比较文学研究会会长。早期从事文学创作与翻译，是"七月派"的重要作家；后期专于现当代文学和比较文学研究与教学。主要著作有《人生赋》、《热力》、《近代中国经济社会》、《历史的背面》、《狱里狱外》、《老人老事》，译著《契诃夫手记》、《住宅问题》，主编《中国现代文学的主潮》、《中国现代文学社团流派》、《中国当代文学研究资料》。

贾植芳　作家

沈建中摄影　顾廷龙题

袁珂（1916年—2001年），古典文学研究家。1937年考入四川大学中文系，1940年转至华西大学中文系，师从许寿裳，毕业后任中专教员并办《文化新报》。1947年任台湾省编译馆干事、编辑，后任教育厅编审委员会编审。1949年回到四川，曾任私立中学教员和《川西日报》副刊编辑。1950年在重庆西南人民艺术学院任讲师，1954年开始在中国作家协会四川分会任专业作家。1978年起历任四川省社会科学院文学研究所研究员，中国神话学会主席。毕生从事我国古典文学的研究工作，专长于对历代各种神话的搜集、整理和研究。主要著作有《龙门童话集》、《中国古代神话》、《山海经校注》、《中国民间传说》、《中国神话史》、《袁珂神话论集》、《中国神话通论》、《中国神话传说词典》、《中国民族神话词典》。

袁　珂　古典文学研究家

徐肖冰（1916年—2009年），摄影家。1933年起历任上海电通影片公司、明星影片公司和西北电影公司摄影助理，参加拍摄《桃李劫》、《风云儿女》、《都市风光》、《生死同心》、《马路天使》、《十字街头》、《塞上风云》。1937年起在延安抗日军政大学学习，担任陕甘宁边区抗敌电影社技术部长，加入延安电影团，后在东北电影制片厂任职，1953年后出任中央新闻纪录电影制片厂副厂长。历年先后拍摄纪录影片《南泥湾》、《陕甘宁边区参议会》、《党的第七届代表大会》、《延安与八路军》、《解放了中国》、《抗美援朝》、《青春万岁》、《美丽的西双版纳》、《敦煌石窟》。曾任中国摄影家协会主席、中国摄影出版社社长，长期从事摄影艺术创作，代表作有《前哨》、《驼队》、《羊群》、《黄河》、《龙的玉带》，出版大型摄影集《路》。

徐肖冰　摄影家

414

裘沛然（1916 年—2010 年），古文献学家。早年随江南名儒施叔范，诵读经史百家，博涉历代诗赋。1930 年入上海中医学院，师从丁济万等名家。后长期任上海中医学院教授，上海中医药大学博士生导师，历任上海中医药大学专家委员会主任，国家科委中医组成员，卫生部医学科学委员会委员，上海中医药研究院专家委员会主任，华东师范大学和同济大学兼职教授等职。长期从事中国古代文献的学术研究、教学著述和编纂整理，专于中医学科文献典籍研究，精医术工诗词，主持编写《辞海》、《中国大百科全书》、《中国医学百科全书》的中医学科部分。主要著作有《壶天散墨》、《剑风楼诗文钞》、《剑风楼诗稿》，主编《中医历代名方集成》、《中医历代名家学说》、《中医人物辞典》、《中国医学大成》、《中国医籍大辞典》。

裘沛然　古文献学家

沈建中摄影

韦君宜（1917年—2002年），作家。早年就读于天津南开女子中学，1934年考入清华大学哲学系，参加编辑《清华周刊》和爱国学生运动。1939年1月到延安从事青年工作，曾任《中国青年》杂志、新华广播电台编辑，以及晋绥《中国青年》分版主编；同时写作小说，所作短篇小说《三个朋友》、《龙》等获得好评。1950年代起在北京从事文学活动，历任《中国青年》总编辑，《文艺学习》主编，作家出版社总编辑，人民文学出版社编辑、社长。毕生致力于文学创作事业与出版活动，主要作品有小说《母与子》、《露莎的路》、《洗礼》、《平常疑案》、《女人集》、《老干部别传》、《旧梦难温》，散文集《前进的脚迹》、《似水流年》、《故国情》、《海上繁华梦》，出版有长篇回忆录《思痛录》。

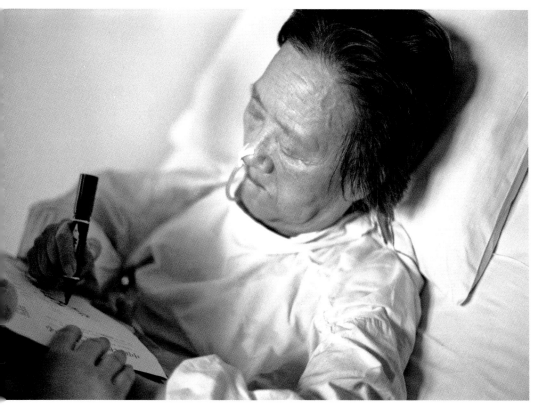

韦君宜　作家

沈建中摄影

顾廷龙题

沈文倬（1917年—2009年），古文献学家。早年即致力于经史子古籍的研读，师从沈昌直、金天翮、姚廷杰习文史之学。1940年从曹元弼专攻三礼郑氏之学。1947年在国立编译馆任副编审，从事经籍整理。1950年代在上海图书馆任编目部副主任，并任《中国丛书综录》编辑组组长。1963年起在杭州大学中文系执教，历任语言文学研究室副研究员，古籍研究所教授、博士生导师。长期从事中国古典文献学的研究，专于经学史和"三礼"，并在甲骨金石学、版本目录学和古籍整理诸领域都有建树。主要著述有《略论礼典的实行和〈仪礼〉书本的撰作》、《执驹补释》、《汉简服传考》、《礼汉简异文释》、《武威汉简考辨四种》、《周公与宗周文明》、《略论宗周王官之学》，还有点校本《孟子正义》、《习学纪言序目》等七种，出版有《宗周礼乐文明考论》、《菿闇文存》。

沈文倬　古文献学家

李德伦 音乐学家

李德伦（1917年—2001年），音乐学家。少年时期学习钢琴和小提琴。1940年考入国立上海音乐专科学校，师从舍夫佐夫、弗兰克尔学习大提琴和音乐理论。1946年毕业后在延安中央管弦乐团执教并常任指挥，又任华北人民文工团音乐部副主任、指挥。1949年起在北京任北京人民艺术剧院、中央歌舞剧院指挥。1953年作为阿诺索夫的研究生在苏联莫斯科音乐学院进修。1957年回国后历任中央乐团、北京交响乐团指挥，经常率团赴中外各地举行音乐会并指挥演奏，先后指挥过苏联国家交响乐团、列宁格勒交响乐团、捷克斯洛伐克交响乐团以及芬兰、古巴等国著名交响乐团的演出，多次出任国际音乐大赛评委。曾任中国音乐家协会副主席，毕生致力于音乐艺术事业，是我国交响乐奠基人之一，尤专于交响乐的普及与发展。

杨生茂　历史学家

杨生茂（1917 年—2010 年），历史学家。1937 年由北平高级中学毕业即考入燕京大学就读。1944 年获美国加利福尼亚大学学士学位，进入美国斯坦福大学研究院，师从外交史学家托马斯·贝莱，1946 年获硕士学位，又在美国东部各地作学术考察。1947 年起在南开大学历史系任代主任、副主任，世界近代史教研室、美国史研究室主任，并任国务院学位评议委员会历史学科成员等职。长期致力于有关世界近代史、美国史学史和外交史诸方面的学术研究以及美国通史的编纂，创建南开大学美国史研究室，是中国美国史研究会的创始人之一。主要著作有《美国南北战争资料选辑》、《美国历史学家弗·杰·特纳及其学派》，主编《美国外交政策史》、《简明外国人名词典》、《美国史辞典》，合编《世界近代史》、《美洲华侨华人史》、《美国通史丛书》。

岑学恭（1917年—2009年），美术家。1939年考入重庆国立中央大学艺术系，1942年在学校里组织成立嘉陵美术会并任会长。1944年毕业后任中华全国美术会秘书，1948年出任杭州艺专讲师，1950年后曾在重庆文联、西南博物院、重庆博物馆、重庆美术家协会、四川省美术家协会任职，历任四川省文史研究馆馆员，巴蜀诗书画研究会会长等职。长期致力于中国画创作，擅绘山水画，巴蜀胜景峨眉、青城、剑门、大渡河皆入画中，尤专长画三峡，被誉为"岑三峡"；同时还组织"长江三峡写生团"，形成一个颇有影响的"三峡画派"。代表作有《幽林古刹》、《泸定桥》、《三峡》、《秋林群鹿》、《九寨瀑布》、《蜀道难》，另出版有《岑学恭国画选》、《巴山蜀水》、《岑学恭八十画展》、《岑三峡》。

岑学恭　美术家

吴祖光　作家

吴祖光（1917 年—2003 年），作家。1936 年于北平中法大学文科肄业。1937 年在南京国立戏
剧专科学校任讲师，后在重庆中央青年剧社和成都中华剧艺社任编导。1944 年在重庆主编《新
民报》副刊，1946 年在上海主编《清明》杂志和《新民报》副刊。1947 年在香港曾任大中华
影片公司、永华影业公司编导。1950 年代开始历任中央电影局、北京电影制片厂、牡丹江文
工团、中国戏曲学校、北京京剧团编导，文化部艺术局专业创作员，中国戏剧家协会副主席。
毕生致力于戏剧与电影的编导创作，尤专于剧本写作。代表剧作有《凤凰城》、《正气歌》、
《闯江湖》、《武则天》、《三打陶三春》、《花为媒》，编导电影《风雪夜归人》、《梅兰芳的舞台
艺术》，著有《后台朋友》、《枕下诗》、《吴祖光选集》。

张　仃　美术学家

张仃（1917年—2010年），美术学家。早年在北平求学，创作进步漫画在上海等地报刊发表。1938年奔赴延安，在鲁迅艺术文学院任教，并从事抗日救亡宣传工作。1946年后任《东北画报》总编辑。1950年代起在北京中央工艺美术学院执教，出任院长、系主任，长期致力于美术创作活动、工艺美术教育以及民间美术研究，在漫画、宣传画、版画、彩墨画、壁画、油画、装饰艺术、舞台美术、动画影片、水墨写生等绘画领域都取得成就；是中国人民政治协商会议会徽的设计者，负责设计动画影片《哪吒闹海》，在国际电影节上获奖。老年时期专攻焦墨山水画，先后深入河南太行山，宁夏贺兰山和须弥山，湖南凤凰和武陵源，甘肃敦煌及肃南马蹄寺、天水麦积山等地，创作大量写生作品。出版有《张仃漫画集》、《张仃山水》、《张仃画集》、《张仃谈艺录》。

邹荻帆（1917年—1995年），作家。早年在湖北省师范学校求学，1938年加入中华全国文艺界抗敌协会，参加第五战区文化工作团和上海救亡演剧二队，参与创办诗刊《时调》、《诗垦地》。1940年在重庆复旦大学外文系和经济系就读，后在成都、武汉做新闻工作，在香港任《华商报》编辑。1950年代起在北京从事对外文化联络工作，历任《文艺报》、《世界文学》编辑，《诗刊》主编。自1930年代起在《文学》、《中流》发表诗歌，1938年长诗《在天门》由文化生活出版社出版，毕生致力于诗歌写作，主要作品有诗集《木厂》、《意志的赌徒》、《雪与村庄》、《布谷鸟与紫丁香》、《情诗种种》和《邹荻帆情诗》，诗论集《诗的欣赏与创作》，长篇小说《大风歌》、《颤抖的灵魂》，散文《春归何处》，译著《克罗采长曲》。

邹荻帆 作家

周小燕（1917年—2016年），音乐学家。早年就读于上海音乐专科学校，抗战时在武汉参加抗日救亡歌咏活动。1939年赴法国巴黎留学，师从意大利男中音贝纳尔迪教授，又随佩鲁嘉夫人和玛尼夫人学习。1945年在法国以清唱剧形式演出歌剧《蚌壳》，引起西方艺坛瞩目。1946年起在欧洲各地演出，曾在巴黎文化沙龙、日内瓦国家大剧院举行独唱音乐会并在"布拉格之春"国际音乐节上演唱，当年被誉为"中国的夜莺"，成为在国际上颇有影响的花腔女高音歌唱家。1947年回国后在武汉、上海等地从事音乐活动，1950年代起主要从事声乐教学事业与声乐学理论研究，历任上海音乐学院声乐系主任、副院长，中国音乐家协会副主席，荣获中国音乐艺术最高荣誉奖"金钟奖"，法国政府授予的"法国国家军官勋章"。

周小燕　音乐学家

周绍良 古文献学家

周绍良（1917年—2005年），古文献学家。早年便开始对中国传统文化的学习与研究，曾受业于马其昶、吴其昌、唐兰，又师从谢国桢、陈垣诸名家，1936年考入北京大学历史学系，抗战期间随校转徙西南各地就读，并开始对文学史、敦煌学的学术研究。1950年代后历任人民文学出版社古典文学组编辑，中国佛教文化研究所所长，中国佛教协会副会长兼秘书长，国家古籍整理出版规划小组顾问，国家文物鉴定委员会委员等职。长期致力于敦煌文献、古典文学、文物古籍、佛教文化诸多文史研究领域，1980年代主持佛教经典《房山石经》的编印出版。主要著作有《敦煌变文汇录》、《绍良丛稿》、《红楼论集》、《唐代墓志汇编》、《唐传奇笺证》、《清代名墨谈丛》，主编有《全唐文新编》、《英藏敦煌文献》。

凌子风 电影艺术家

凌子风（1917年—1999年），电影艺术家。1937年毕业于南京戏剧专科学校舞台美术系，即前往武汉任中国电影制片厂美工师、演员。1938年4月参加抗日艺术队并任文学部长；同年11月奔赴延安，在鲁迅艺术文学院任教期间，创作了中国第一枚毛泽东纪念章。历任延安电影制片厂演员，延安战地摄影队队长，西北电影工学队教学部部长，华北联合大学教员，石家庄市电影戏剧音乐委员会主任，东北电影制片厂导演，创作新中国第一部在国际电影节上获奖故事片《中华儿女》。1950年代起在北京电影制片厂出任导演，作为新中国电影事业的第一代导演，在长期的艺术创作中执导《红旗谱》、《李四光》、《狂》、《春桃》等数十部影片，其中《骆驼祥子》、《边城》先后获得中外电影大奖。

蒋齐生　新闻摄影学家

蒋齐生（1917 年—1997 年），新闻摄影学家。1933 年考入西安高中，又赴北平自学。1935 年在上海自修世界语和俄语，参加世界语、新文字运动和上海文化界抗日救亡活动，翻译高尔基《我怎样学习》、《论普希金》。1937 年进入延安陕北公学学习。1946 年起在新华通讯社任国际部编辑，资料研究室国际组副组长，驻北平办事处、总编室、摄影部副主任及中国图片社经理，还任新华社研究员，中国新闻摄影学会会长。毕生从事新闻摄影理论研究与实践以及摄影史研究，尤长于我国解放区摄影历史的研究，是我国新闻摄影理论和史论的奠基人之一。论著有《新闻摄影论集》、《新闻摄影 140 年》、《新闻摄影的价值与规律》、《蒋齐生新闻摄影理论及其他》、《摄影史记》、《历史的瞬间和瞬间的历史》，出版有译著《省报编辑部如何工作》等。

沈建中摄影
顾廷龙题

葛墨安（1917年—2022年），书法篆刻家。早年师从枞阳丁瑞林、盐城夏其台。1936年担任南京青年文艺作者协会候补监事，1938年在长沙与诗人孙望、吕亮耕等发起成立"中国诗艺社"。抗战期间流寓昆明，曾师从闻一多、李公朴。1943年参加中华全国文艺界抗敌协会昆明分会，1944年在昆明开设百合出版社。1949年11月参加中华全国文学艺术界联合会南京分会。此后定居成都，老年时期先后担任四川省诗词学会、四川省书法家协会篆刻专业委员会、开明印社、丙戌金石书画研究会等顾问，并任四川省老年书画研究会理事、四川奔腾文学艺术协会副会长。早年从事文学作品创作，出版有新诗集《海底的路》《昆明导游》。后专于书法、篆刻艺术，功底极深，所刻《心经》是晚年经典作品。

葛墨安　书法篆刻家

442

于倬云（1918年—2004年），古建筑学家。早年就读于北京大学工学院建筑工程学系，1941年毕业后，曾在北平建设总署营造科、北平文物整理委员会工程处担任技士。1950年代起历任北京古建筑修整所工程师，故宫博物院古建筑研究部设计组组长、副主任，后又出任故宫博物院高级工程师，中国文物保护协会理事长，国家文物局专家组成员等职。长期从事我国古建筑的维修保护与历史研究工作，主持、设计和指导故宫、北海公园、南禅寺等百余项古建筑的维修工程。主要著述有《中国宫殿建筑论文集》、《故宫建筑》、《紫禁城始建经略与明代建筑考》、《斗拱的运用是我国古代技术史的一大贡献》、《故宫三大殿》等，主编有《中国美术全集·建筑艺术编·宫殿建筑》、《紫禁城宫殿》。

于倬云　古建筑学家

444

方成（1918年—2018年），美术家。早在北平弘达中学参加爱国学生运动时就创作宣传漫画，1942年毕业于武汉大学化学系。1946年在北京《新民报》上发表第一幅漫画，又在上海《大公报》、《文汇报》等发表作品，主编《观察》周刊漫画版。1948年在香港参加人间画会。1950年代起在北京从事美术创作与报刊编辑，历任北京《新民报》美术编辑，《人民日报》美术编辑和国际部高级编辑，中国新闻漫画研究会会长，兼任中国社会科学院研究生院硕士生导师，专长于新闻报道性的政治讽刺漫画及幽默漫画，擅长杂文写作，多次在各地举办个人作品展。主要著作有《康伯》、《王小青》、《幽默·讽刺·漫画》、《笑的艺术》、《英国人的幽默》、《高价营养》、《岸边絮语》、《报刊漫画》，主编有《世界幽默笑话精品》。

方　成　美术家

446

石少华（1918年—1998年），摄影家。早年在岭南大学肄业。1938年赴延安入陕北公学、抗日军政大学学习。曾任抗大记者团摄影记者、冀中军区政治部摄影科科长，1940年创办冀中抗日根据地摄影训练队，先后主持《晋察冀画报》、《华北画报》编辑工作。1950年代起长期在北京从事新闻事业和摄影活动，历任中央新闻摄影局副秘书长兼摄影处处长，新华通讯社摄影部主任和副社长，中国摄影家协会主席，新华出版社社长等职，参与筹办《人民画报》、中国图片社和中国摄影家协会。他是我国抗战时期摄影事业的开拓者之一，拍摄大量珍贵的历史照片，代表作有《埋地雷》、《白洋淀上的雁翎队》、《地道战》、《解放张家口》，出版有《摄影理论与实践》、《中国摄影简史》、《石少华作品选》。

石少华 摄影家

448

白敦仁（1918年—2004年），古典文学研究家。早年曾在四川大学就读，毕业于华西大学中文系。自1942年先后在成都第七中学、华西大学、成华大学、波兰华沙大学东方语文学院、成都大学执教，曾任成都大学中文系主任、学术委员会主任。长期从事中国古典文学学科的教学活动、考证研究以及古籍整理，尤其专长于宋代文学和晚清文学方面的学术研究，致力于对有关作品、作家的校注与评述，擅长诗词写作。主要著作有《陈与义年谱》、《陈与义集校笺》、《巢经巢诗集笺注》、《杨升庵评点〈草堂诗馀〉详校》、《宋诗略论》、《水明楼诗词集》，主编《周邦彦词赏析集》，另编有《养晴室遗集》，论文有《论屈原赋的崇高美》、《论陆游的所谓晚节问题》、《顾炎武及其诗》、《清代贵州厘金及郑珍的〈抽厘哀〉》，出版有《白敦仁著作全集》。

白敦仁　古典文学研究家

汪尧田 经济学家

汪尧田（1918年—2006年），经济学家。1944年从复旦大学经济系毕业后赴美国留学，1947年获华盛顿大学工商管理硕士学位，1948年获哥伦比亚大学博士学位，1949年回国后出任复旦大学商学院教授，曾在北京对外贸易学院、上海外国语学院执教。历任上海外贸学院教授、对外经贸研究所名誉会长，并任关税与贸易总协定上海研究中心主任，对外经济贸易部学术委员，上海国际问题研究中心专家委员会委员，创办《世界贸易组织动态与研究》。长期致力于国际经济贸易学科的理论研究与教学，主要著作有《中国经济建设论》、《国际贸易条约与协定》、《国际经济合作》、《对外经济贸易实务大全》、《当代美国经济》，译著《不平等交换》，主编《现代国际贸易电子化实务全书》，合编《关税与贸易总协定总论》。

452

张瑞芳（1918年—2012年），电影艺术家。1935年就读于北平国立艺术专科学校并参加戏剧活动，演出《放下你的鞭子》等。1938年转入国立戏剧专科学校表演系。抗战期间参加北平学生战地移动剧团，在重庆怒吼剧社、中华剧艺社的二十余部话剧中扮演主要角色，主演话剧《棠棣之花》、《屈原》，被誉为"四大名旦"之一。1940年主演影片《火的洗礼》，由此进入影坛。1946年在长春电影制片厂主演影片《松花江上》等。1950年代起历任北京电影制片厂、中国青年艺术剧院、上海电影制片厂演员，上影演员剧团团长，中国电影家协会上海分会副主席，曾获中国电影百花奖最佳女演员奖、中国电影表演艺术学会特别荣誉奖、中国电影金鸡奖终身成就奖。主演影片有《母亲》、《李双双》、《大河奔流》、《泉水叮咚》。

张瑞芳　电影艺术家

沈建中攝影

顧廷龍題

454

陈原（1918年—2004年），社会科学家。早年在中山大学附中理科班就学，1938年毕业于中山大学土木工程系，辗转广州、桂林、重庆、上海和香港，曾任新知书店、生活书店、生活·读书·新知三联书店编辑，参与编辑《世界知识》、《读书与出版》杂志。1950年代起先后在中国国际书店、三联书店、人民出版社、文化部出版局、商务印书馆、国家语言文字工作委员会、中国社科院语言文字应用研究所担任重要职务。自1930年代参加世界语运动，在中外关系、经济、地理、语言文字、社会语言学、辞书编写、翻译及编辑出版诸领域均有建树，擅长书话写作。主要著作有《书林漫步》、《语言与社会生活》、《辞书和信息》、《书和人和我》、《重返语词的密林》，译著《托尔斯泰科学杂文集》、《我的音乐生活》。

陈　原　社会科学家

456

陈从周（1918年—2000年），古建筑学家。1942年毕业于杭州之江大学文学系，后师从刘敦桢、朱桂莘，从事我国古典建筑学专业的研习，曾在圣约翰大学建筑系、苏州美术专科学校、之江大学建筑系执教。1952年开始在上海同济大学建筑系执教，毕生致力于中国古代建筑史学、古典园林艺术的教学、设计、考察、保护、修复以及理论研究，主持多处古代建筑和古典园林修复项目，参与主持在美国筹建我国第一座展示传统园林的"明轩"。早期醉心文史研究，擅书画，为张大千入室弟子；亦工诗词、喜昆曲，长于散文写作。主要著作有《徐志摩年谱》、《苏州旧住宅》、《扬州园林》、《中国名园》、《江浙砖刻选集》、《说园》、《园林谈丛》、《陈从周画集》、《书带集》、《随宜集》、《梓室余墨》，合编有《上海近代建筑史稿》。

陈从周　古建筑学家

458

周汝昌（1918年—2012年），古典文学研究家。早年在南开中学求学时即开始发表文章，后考进燕京大学外语系，又入中文系研究院攻读。曾先后在燕京大学、华西大学、四川大学执教。1954年起历任人民文学出版社编辑、中国人民大学教授、中国艺术研究院研究员等职。早期曾作过鲁迅《摩罗诗力说》、陆机《文赋》和司空图《二十四诗品》的英译与研究；曾参与《三国演义》、《水浒传》以及唐宋诗歌的校订、注释和评介工作。长期致力于有关《红楼梦》与作者曹雪芹的考证与研究，对书法艺术和诗词曲赋亦颇有造诣。主要著作有《红楼梦新证》、《石头记人物画》、《恭王府考》、《曹雪芹新传》、《诗词赏会》、《书法艺术答问》、《红楼艺术》、《范成大诗选》、《杨万里选集》，主编有《红楼梦辞典》。

周汝昌 古典文学研究家

460

胡绳（1918年—2000年），社会科学家。早在高中时期就发表新诗《日落之歌》。1935年从北京大学哲学系肄业即赴上海参加爱国救亡运动，后又在武汉、重庆、香港等地从事文化宣传和学术活动，历任《读书月报》主编、《新华日报》编委、香港生活书店总编辑。1950年起长期从事宣传出版、思想理论方面的组织领导工作，并致力于中共党史、近代史、哲学的学术研究，曾任中国社会科学院院长，中国史学会会长，国务院学位委员会副主任等职。毕生著述甚丰，亦擅旧体诗写作，出版有时事政治、思想文化评论、政治理论通俗读物、哲学以及历史学等方面专著，主要有《新哲学的人生观》、《理性与自由》、《中国近代历史的分期问题》、《从鸦片战争到五四运动》、《先贤和故友》、《童稚集》、《胡绳诗存》、《胡绳全书》。

胡　绳　社会科学家

胡问遂 书法家

胡问遂（1918 年—1999 年），书法家。幼承家学，潜心书法艺术，青少年时期即有书名。1951 年师从沈尹默，入其室随学二十年，书艺锐进，诸体皆能，尤擅正楷、行草书。毕生致力于书法艺术的理论与实践，还从事辅导教学以及艺术交流活动。1950 年代起先后在上海市青年宫、上海美术专科学校、上海出版学校、上海电视台执教。1960 年进入上海中国画院，参与组织上海中国书法篆刻研究会，驻会主持日常工作，筹办书法展览，开展书学研究，接待中外书法团体来访。多次在海内外举办个人作品展览，主要著述有《书法的结体》、《论入帖和出帖》、《再谈侧锋》、《书法的习气和创新》，另出版有《大楷习字帖》、《胡问遂行草字帖》、《胡问遂临魏碑四种》、《胡问遂书法集》等多种。

陶大镛 经济学家

陶大镛（1918 年—2010 年），经济学家。1936 年考入中央大学经济系就学，毕业后在南开大学经济研究所攻读研究生。1942 年起在中山大学、广西大学、交通大学、四川大学任教。1946 年赴英国曼彻斯特大学和伦敦大学进修，后在香港任达德学院教授、《文汇报·经济周刊》主编。1950 年代开始历任北京大学政治系和辅仁大学经济系教授、《光明日报·经济周刊》主编、《新建设》月刊主编、北京师范大学经济系教授等职，并任中国《资本论》研究会副会长、中华外国经济学说研究会副会长。长期致力于有关经济学、经济思想史、西方经济学、世界经济等学科的学术研究与教学活动，主要著作有《世界经济讲话》、《战后东欧的经济改造》、《社会主义思想史》、《世界经济与独占资本主义》、《亨利·乔治经济思想述评》、《现代资本主义经济研究》、《陶大镛文集》。

黄秋耘（1918年—2001年），作家。1935年考入清华大学中文系即投入爱国学生运动，1943年毕业于中山大学。曾参加地下革命活动，做过抗日军事工作。先后任《青年知识》、《学园》、《新建设》、《大公报》等报刊编辑。1949年起长期从事文艺、新闻、编辑和出版工作，曾先后在《南方日报》、新华通讯社、《文艺学习》、《文艺报》、《羊城晚报》任职，并任中国作家协会广东分会副主席，擅长文学评论、散文创作以及文学翻译，参与主持修订《辞源》。主要著作有评论集《苔花集》、《锈损了灵魂的悲剧》、《古今集》、《琐谈与断想》，散文集《浮沉》、《丁香花下》、《往事并不如烟》、《风雨年华》，译著有《罗曼·罗兰》以及合译《搏斗》等，还出版有《黄秋耘文学评论选》、《黄秋耘散文选》、《黄秋耘自选集》。

黄秋耘 作家

冯牧（1919年—1995年），作家。学生时期在北平参加爱国学生运动，1938年在延安抗日军政大学和鲁迅艺术文学院学习，1941年在鲁艺文艺理论研究室从事研究，1944年任《解放日报》副刊编辑，1946年起担任新华社前线记者，随解放军第二野战兵团参加淮海、渡江等战役，出版战地通讯特写集《新战士时来亮》，长期在部队从事文化工作。1957年开始在中国作家协会工作，曾主编《新观察》、《文艺报》、《中国作家》，历任中国文学艺术研究院副院长，中国作家协会副主席。毕生致力于当代文学评论与文艺理论研究，专长散文写作。主要著作有《繁花与草叶》、《激流小集》、《耕耘文集》、《滇云揽胜记》、《新时期文学的主流》、《冯牧文学评论选》、《冯牧散文选萃》、《冯牧文集》。

冯 牧 作家

沈柔坚（1919 年—1998 年），美术家。1937 年在福建省立龙溪师范学校肄业，1938 年参加新四军战地服务团，1939 年担任绘画组组长，在盐城抗大五分校从事美术工作。1947 年任《大众日报》美术研究员，主编《中国人民爱国自卫战争华东战场画刊》。1950 年代起历任华东美术家协会创作委员会主任，上海市文化局副局长，上海市文联副主席，中国美术家协会上海分会主席，中国版画家协会副主席，上海大学美术学院教授。毕生从事美术创作与组织活动，早期专于木刻版画创作，后致力于速写、水彩画和水墨画，曾任《辞海》美术科目和《中国美术辞典》主编，主要著作有《绘画与生活》、《欧行写生画辑》、《沈柔坚速写》、《柔坚画谭》、《沈柔坚中国画选集》、《沈柔坚版画选集》、《沈柔坚画集》。

沈柔坚　美术家

沈建中摄影　顾廷龙题

杨苡（1919年—2023年），翻译家。早在学生时期就在《诗讯》等文学刊物上发表作品，1937年毕业于天津中西女子中学。1938年考入昆明西南联合大学外文系，参加中华全国文艺界抗敌协会。1942年转入重庆中央大学外文系攻读，1944年毕业后曾任中学教师，在南京国立编译馆从事文学翻译。1950年代起仍从事教学工作，曾在原民主德国莱比锡卡尔·马克思大学东方语文学院、南京师范学院执教，历任南京市文学工作者协会副主席，江苏省翻译家协会理事，江苏省作家协会顾问，曾获南京市政府首届文学艺术荣誉奖。长期从事文学翻译活动，并致力于文学写作，擅写诗歌、童话和散文。主要翻译著作有《永远不会落的太阳》、《俄罗斯性格》、《伟大的时刻》、《呼啸山庄》、《天真与经验之歌》，儿童文学作品有《自己的事自己做》、《今天我做值日生》。

杨 苡 翻译家

474

吴冠中（1919年—2010年），美术家。1936年进入国立杭州艺术专科学校就读，1942年毕业后曾任重庆大学建筑系助教。1947年赴法国巴黎国立高等美术学院，在苏弗尔皮教授工作室研修油画。1950年回国后，先后在中央美术学院、清华大学、北京艺术师范学院、中央工艺美术学院执教。长期从事美术教育事业并致力于美术创作与艺术探索，多年来常赴中外各地写生，尤长于油画、墨彩画，所作题材大多为风景画；在美术创作的同时，勤于写作，撰有大量的美术评论、艺术随笔以及散文。历年来多次在国内外举办画展，主要出版有《吴冠中油画写生》、《吴冠中彩画素描选》、《吴冠中山水画谱》、《吴冠中画集》，还有《东寻西找集》、《美丑缘》、《我读石涛画语录》、《吴冠中文集》。

吴冠中　美术家

罗光达（1919年—1997年），摄影家。早年在上海参加抗日救亡运动，抗战爆发后赴延安从事新闻摄影，1940年代主编《晋察冀画报》、《冀热辽画报》、《东北画报》。1950年代起历任中国电影发行公司经理，文化部文化企业管理局副局长，中央戏剧学院副院长，中央美术学院副院长，曾在中央电影局、文化部文艺研究所任职。1979年起任北京电影学院副院长，晋察冀文艺研究会副会长，中国新闻摄影学会顾问，中国电影家协会名誉理事。他是我国革命新闻摄影事业最早的战士之一，对解放区新闻摄影培训及普及作出贡献，也是我国摄影美学理论和抗战摄影史料研究的拓荒者。著有《新闻摄影常识》、《记晋察冀的新闻摄影和画报出版工作》、《罗光达摄影作品论文集》，主编《巾帼英豪——抗日战争中的晋察冀妇女儿童摄影集》、《沙飞摄影集》、《晋察冀画报影印集》。

罗光达 摄影家

478

钱谷融（1919年—2017年），文学理论家。1942年毕业于国立中央大学文学系，在重庆市立中学任国文教员，1943年起曾先后在渝、沪国立交通大学执教。1952年开始在上海华东师范大学任中文系教授、现代文学教研室主任、文学研究所所长、出版社副总编，并任《文艺理论研究》主编，中国现代文学研究会副会长等职，曾赴日本关西大学、大东文化大学、大阪市立大学讲学，并出席委内瑞拉国际笔会第46届大会。长期从事中国现代文学及文学理论学科的教学与研究，1957年发表论文《论"文学是人学"》，影响广泛。主要著作有《〈雷雨〉人物谈》、《论"文学是人学"》、《文学的魅力》、《艺术·人·真诚》、《散淡人生》，译著《高尔基作品中的劳动》、《托尔斯泰与艺术》，主编《中国新文学社团流派丛书》、《中国现代散文精品文库》。

钱谷融 文学理论家

黄裳（1919年—2012年），作家。抗战初期由天津南开中学转入上海中学就读，后考入交通大学电机系，开始写作并发表于报刊。1942年到重庆继续在交通大学就读。1943年被征调至滇、桂、黔及印度任美军译员。1945年后曾任《文汇报》驻渝、宁特派员及文教版、副刊的编辑。1952年在解放军总政文化部文工团越剧团任编剧，1953年又在上海电影剧本创作所任编剧，编写纪录片《盖叫天的舞台艺术》。1956年调回《文汇报》工作。长期致力于散文写作，撰写大量的散文、杂文、剧评、游记、书话、随笔，并专于文史古籍研究。主要著作有《锦帆集》、《旧戏新谈》、《珠还记幸》、《榆下说书》、《金陵五记》、《来燕榭读书记》，译作《猎人日记》和剧作《林冲》多种，出版有《黄裳文集》。

黄　裳　作家

靳夕（1919年—1997年），美术电影艺术家。早年从天津市立美术馆西画系肄业，开始发表抗战漫画。1937年参加八路军，先后任晋察冀军区二分区宣传干事，《动员报》编辑，抗敌剧社美术创作员，七月剧社指导员，《晋察冀日报》美术编辑，华北军区《战友》月刊副主编。1948年在东北电影制片厂美术片组担任副组长。1950年代开始出任上海美术电影制片厂副厂长、代厂长，艺术委员会主任并兼任编导。毕生致力于美术电影事业，尤专于木偶片的编剧与导演创作，曾写出我国第一部木偶和真人合拍的童话美术片剧本《小梅的梦》并亲自导演摄制。历年编导的代表作《神笔马良》、《中国的木偶艺术》、《阿凡提》，多次在国内外获得大奖，主要著述有《谈木偶片特性》、《美术电影的艺术虚构》，合著有《美术电影创作研究》。

靳　夕　美术电影艺术家

沈建中摄影
顾廷龙题

戴乃迭（1919 年—1999 年），翻译家。生于北京，1923 年随父母返回英国，1937 年在牛津大学就学，攻读中国语言文学，成为该校首位中文学学士。1940 年夏又来到中国定居，先后在中央大学、贵阳师范学院、成都光华大学等校任教。1952 年起在北京外文出版社、中国文学出版社担任英译工作，毕生从事中外文化交流活动，致力于把中国文学作品译成英文介绍给外国读者。自 1940 年代初期就开始把鲁迅等现代作家及古典名著翻译成英文，历年来与丈夫杨宪益合作翻译（中译英）出版了《楚辞》、《史记选》、《长生殿》、《王贵与李香香》、《白毛女》、《边城及其它》、《太阳照在桑乾河上》，还译有中国当代作家的作品《绿化树》、《沉重的翅膀》、《芙蓉镇》、《烟壶》等多达百余种。论文有《一个西方人对〈红楼梦〉的看法》。

戴乃迭　翻译家

王元化（1920年—2008年），文艺理论家。早年参加爱国学生运动，1936年在北平加入中华民族解放先锋队，就读于大夏大学，先后从事《奔流》、《奔流新辑》、《联合晚报·夕拾》、《展望》、《地下文萃》等刊物的编辑工作，又任北平国立铁道大学中文讲师。1950年代初先后在震旦大学、复旦大学执教，后长期在上海从事文化出版活动、理论宣传工作以及学术研究与教学。早期从事文学创作，曾结集《脚踪》出版；1930年代起致力于文学评论、文艺理论及文化研究，对佛学、西方哲学也有研究，尤长于中国文学批评史和近现代思想学术史的研究。主要著作有《文艺漫谈》、《向着真实》、《文心雕龙讲疏》、《思辨随笔》、《清园论学集》、《读黑格尔》、《九十年代反思录》，译著有《文学风格论》，合译《莎剧解读》，另主编有《学术集林》。

王元化　文艺理论家

孙其峰　美术家

孙其峰（1920年—2023年），美术家。孩童时代深得家教，潜心翰墨，为老家山东招远乡人书写楹联；1940年代初期赴北平谋生，当店员时仍临池不辍。1944年考进北平国立艺术专科学校国画科，受教于徐悲鸿、黄宾虹、李苦禅诸名师，又师从寿石工、金禹民学习书法和篆刻。1947年毕业后曾在中学担任教员。1950年代起先后在河北师范学院、河北美术学院执教，历任天津美术学院副院长，中国美术家协会天津分会副主席。长期从事美术教育与美术史及技法理论的研究，致力于书画艺术创作，擅长花卉、翎毛及山水，长于隶书、草书和金文小篆，治印亦独具一格。主要著作有《中国画技法》、《花鸟画谱》、《孔雀画谱》、《日本景年画谱选摹本》、《花鸟画技法问答》、《孙其峰书法篆刻选》、《孙其峰画集》、《孙其峰书画选》。

朱德群（1920年—2014年），美术家。早年曾就读于徐州萧县县立师范学校、徐州中学、海州中学。1935年考入国立杭州艺术专科学校绘画系，抗战爆发后，随学校辗转江西、湖南、贵阳、昆明、四川，画有大量抗日宣传画，1941年毕业后留校任教。1944年起在南京中央大学工学院建筑系、台北工专建筑系、台湾师范学院艺术系执教。1955年赴法国深造，并在巴黎定居，开始尝试构思已久的非具象油画创作，致力于无形绘画的技法研究与绘画实践。1983年后曾到北京、大同、南京、黄山和杭州访问游览；曾受邀任香港中文大学艺术系学位考试校外评审，在欧洲各地及香港、台湾、上海、广州举办画展。曾被授予法兰西学院艺术院士。还出版有《朱德群抽象画辑》、《朱德群画集》、《朱德群专集》、《朱德群画册》等。

朱德群　美术家

汪曾祺（1920年—1997年），作家。抗日战争起先后辗转于江苏江阴、淮安、扬州、盐城等地就读高中。1939年考入西南联合大学中文系，师从朱自清、闻一多，为沈从文的入室弟子，并开始发表小说作品。1944年后在昆明和上海的中学任教，1948年在北平历史博物馆任职，1949年随解放军第四野战军南下工作团至广州、武汉。1950年代在北京先后编辑《北京文艺》、《说说唱唱》、《民间文学》等刊物，1962年起在北京京剧院工作。毕生从事文学创作活动，在小说、散文写作上享有盛名，还擅长戏曲编剧，对民间文艺也有研究，能书善画，多才多艺。主要著作有《邂逅集》、《羊舍的夜晚》、《寂寞与温暖》、《蒲桥集》、《塔上随笔》、《晚翠文谈》，还有剧作《范进中举》、《沙家浜》、《大劈棺》。

汪曾祺 作家

陈观烈（1920年—2000年），经济学家。1942年从重庆国立中央大学经济系毕业后赴美国哈佛大学攻读，获经济学硕士学位。1948年起历任复旦大学教授、银行专修科主任、经济系副主任、世界经济系主任、经济学院院长、校务委员会副主席，并任中国美国经济学会副会长，中国国际贸易学会顾问，中国金融学会名誉理事，兼任芝加哥大学研究员，俄亥俄大学教授，上海财经大学教授。毕生从事货币金融学和世界经济学研究与教学，尤长于中国货币需求及各国银行制度比较的研究。著有《资本主义货币银行概论》、《社会主义工业经济学讲义》、《积极货币政策的理论基础》、《货币银行学》、《货币·金融·世界经济——陈观烈选集》，合著《世界经济概论》、《当代西方经济思潮》，译著有《资本主义发展论》。

陈观烈　经济学家

冀淑英（1920年—2001年），版本目录学家。1942年从辅仁大学中文学系毕业，曾任中学教员。1945年起在北京大学图书馆从事古籍编目。1948年开始在北京图书馆善本部工作，先后历任助理研究员、善本组副组长、研究馆员、副馆长，还担任《中国古籍善本书目》副主编、国务院古籍整理规划小组组员、国家文物鉴定委员会常务委员。毕生致力于我国图书馆事业，先后主持整理大型专项古籍善本入藏，长期从事编辑、整理、考证和鉴别，专于中国古籍善本的分类编目及古籍版本学、目录学、中国书史的学术研究。主要著作有《北京大学图书馆藏李氏书目》、《自庄严堪善本书目》、《影印常熟翁氏所藏古籍善本书说明》、《中国古籍版本鉴别》、《冀淑英文集》，合编有《西谛书目》、《北京图书馆善本书目》。

冀淑英 版本目录学家

沈建中攝影

顧廷龍題

王汶石（1921 年—1999 年），作家。早年即投身于抗日救亡运动，参加山西人民牺牲救国同
盟会，又加入县人民武装自卫队和中华民族解放先锋队。1942 年奔赴延安，在西北文艺工作
团工作，曾任研究员，同时创作了许多文学作品。1949 年后出任西北文艺工作团二团团长，
陕甘宁边区文学艺术协会《群众文艺》主编。1950 年出任《西北文艺》副主编，1954 年起历
任中国作家协会西安分会秘书长，陕西作家协会副主席，陕西省文联副主席。从 1956 年开始
从事专业文学创作，毕生致力于小说和歌剧写作，主要著作有小说《新结识的伙伴》、《沙滩
上》、《阿爸的愤怒》、《黑风》、《风雪之夜》，歌剧《边境上》、《战友》，评论《亦云集》，另有
《王汶石散文选》、《王汶石小说选》，出版有《王汶石文集》。

王汶石　作家

许觉民　文学评论家

许觉民（1921年—2006年），文学评论家。早年因家贫，从上海甬江小学肄业后做学徒谋生，开始自学写作。1937年初考入上海生活书店，抗战时期随书店辗转于武汉、湖南、浙江、江西、广西工作。1949年出任上海军事管制委员会新闻出版处办公室副主任。1951年起在北京历任三联书店总管理处副主任，人民文学出版社副总编、副社长，北京图书馆参考部主任，中国社会科学院文学研究所所长，主编《文学评论》。自1939年发表新诗，致力于文学创作活动，后专于现当代文学评论和理论研究，并擅长写作散文。主要著作有《人生的道路》、《洁泯文学评论选》、《当代文学的社会历史批评》、《今天将会过去》，出版散文集有《人面狮身》、《人间风景》、《风雨故旧录》，编有《林昭，不再被遗忘》。

沈建中攝影
顾建龙题

洪葭管（1921年—2023年），金融史学家。早年进入四明商业储蓄银行任职，后在中国实业银行、合营银行任职，1958年起担任中国人民银行上海市分行金融研究组负责人。历任中国人民银行上海市金融研究所副所长、研究员，上海市金融学会副会长，上海市人民政府参事，上海财经大学和交通大学管理学院兼职教授，交通银行咨询委员，中国人民银行研究生部指导教师，中国金融学会金融史专业委员会主任，荣获中国金融学科终身成就奖。长期致力于金融史、金融学和现实金融问题的研究，被誉为中国金融史学的开拓者和奠基人。主要著作有《在金融史园地里漫步》、《中国金融史十六讲》、《中国金融通史·第四卷国民政府时期》，主编《上海钱庄史料》、《中国金融史》、《中央银行史料》等。

洪葭管　金融史学家

504

高式熊（1921年—2019年），篆刻艺术家。幼承家学，随父高振霄（晚清翰林）学书法、诗文。1936年起自学篆刻，获海上名家赵叔孺、王福庵指导。1945年辑成《篆刻存景》，1947年加入西泠印社，曾篆刻《西泠印社同人印传》、整理编写《鲁庵所藏印谱简目》。1955年参与筹备并加入中国金石篆刻研究社。1978年起任《书法》杂志篆刻编辑。历任西泠印社理事、副秘书长、名誉副社长，上海市文史研究馆馆员，上海市书法家协会副主席、名誉主席，同济大学顾问、教授，棠柏印社社长，宁波美术馆顾问。长期专于篆刻、书法及印学鉴定，对历代印谱、印人流派颇有研究，并得张鲁庵传授，擅长制作印泥。出版有《式熊印稿》、《高式熊篆书观月记》、《茶经印谱》、《高式熊"太仓胜迹印谱"》、《高式熊书法作品选》。

高式熊　篆刻艺术家

506

袁可嘉（1921年—2008年），外国文学研究家。1937年从浙江省立第四中学初中部毕业，参加抗日救亡运动。1939年夏在迁川的南京青年会中学高中部和南渝中学就读，后考入西南联合大学外文系，1946年获文学学士学位，曾在北京大学西语系任教。1950年代起历任中宣部《毛泽东选集》英译室、外文出版社翻译。自1957年起在中国社会科学院外国文学研究所，从事翻译活动与专业研究。早在1940年代开始发表新诗，尤专于诗论，是"九叶诗人"之一；长期致力于西方现代派文学和现代文论以及英美诗歌、中国新诗理论的学术研究。主要著作有《现代派论·英美诗论》、《论新诗现代化》、《欧美现代派文学概论》、《半个世纪的脚印——袁可嘉文选》，译著有《米列诗选》、《英国歌谣选》、《试论独创性作品》，主编《欧美现代十大流派诗选》、《现代主义文学研究》。

袁可嘉 外国文学研究家

沈建中摄影
顾建龙题

黄宗江（1921年—2010年），作家。早在青岛市立中学就读时参与编辑《青岛晨报·黄金时代》，又在天津南开中学参加南开剧社。1938年考入燕京大学西语系，同时组织燕京剧社，并开始文学创作和翻译。1940年代起在上海剧艺社、重庆中国艺术剧社担任职业演员，在北平艺术馆、上海清华影片公司任编剧。1949年参加中国人民解放军，先后在华东军区、总政文工团和八一电影制片厂，从事专业文艺创作活动。长期致力于戏剧与电影剧本的写作，作品甚丰，还擅写文艺评论和散文随笔。主要剧作有《大团圆》、《农奴》、《风雨千秋》、《贺龙刀》、《海魂》、《柳堡的故事》、《南方呵南方》、《秋瑾》，出版有剧作《舞台集》、《嫁接集》、《单枪并马集》，散文《花神与剧人》、《悲欣集》、《戏痴说戏》。

黄宗江　作家

蒋天流（1921年—2012年），电影艺术家。1936年考入苏州美术专科学校，学生时代投身于话剧表演，1940年从大同大学经济系肄业后进入上海剧艺社，因出演《云彩霞》而闻名，成为上海早期的名演员。1942年起出任中国艺术剧社、美艺、艺华剧团演员，并入华西坝金陵女子文理学院求学。抗战胜利后，重返上海剧艺社，又加入文华影业公司开始银幕生涯，出演《太太万岁》引起轰动。1950年代进入昆仑影业公司、上海电影制片厂，主演影片《我们夫妇之间》、《武训传》等，并在十余部影片中扮演重要角色，另出演《雷雨》、《关汉卿》等多部话剧，还与杨小仲、殷子合作编写电影剧本《宝葫芦的秘密》，晚年参演电视剧《杨乃武与小白菜》。业余嗜爱皮黄，又从李天马研习书法，随黄幻吾、申石伽学画，颇有造诣。

蒋天流 电影艺术家

512

程十发（1921 年—2007 年），美术家。自幼深受乡里民间绘画和传统文人画的影响，酷爱美术。1938 年考入上海美术专科学校国画系就读。1952 年起在上海华东人民美术出版社任创作员。1956 年参加筹建上海中国画院，被聘为画师。历任上海中国画院院长，上海美术家协会副主席，西泠印社副社长，中国画研究院院务委员，上海市文物管理委员会委员。长期致力于中国画创作与技法研究，早期画山水和花鸟，后专于连环画、插图和年画创作，尤擅长人物画，精于书法和古书画鉴定。代表作有连环画《画皮》、《孔乙己》、《阿 Q 正传一零八图》、《胆剑篇》，插图《儒林外史》、《西湖民间故事》、《不怕鬼的故事》、《红楼梦》，另出版有《程十发近作选》、《程十发花鸟习作选》、《程十发书画丛书》等。

程十发　美术家

霍松林　古典文学研究家

霍松林（1921年—2017年），古典文学研究家。早年高中毕业后在玉泉小学任教。1945年考入国立中央大学中文学系攻读，发表文学作品及研究唐诗的论文。1949年毕业后任教于重庆南林学院、天水师范学校。1951年起在陕西师范大学中文系执教，历任教授、系主任、古籍整理研究所所长、文学研究所所长等职，先后赴日本明治大学、信州大学讲学。长期从事中国古典文学和文艺理论的学术研究与教学活动，尤专于唐宋诗词、元明清戏曲小说和古代文论的研究，擅长诗词写作和书法艺术。主要著作有《文艺学概论》、《诗的形象及其它》、《文艺散论》、《西厢记述评》、《白居易诗译析》、《唐宋诗文鉴赏举隅》、《唐音阁吟稿》、《唐音阁文集》，主编《中国诗歌理论史》、《新编全唐五代文》、《中国唐代文学研究年鉴》。

方去疾（1922 年—2001 年），印学家。早年就职于上海宣和印社，1947 年加入西泠印社。1951 年起接过胞兄未竟之业，编成《苦铁印选》、《二弩老人遗印》等数部印谱。1957 年转入荣宝斋收购处，1960 年进入朵云轩收购处鉴定金石字画，抢救了许多古印珍品。历任朵云轩编辑出版部编辑，上海书画出版社编辑、编审，曾组织以简化字入印创作《新印谱》。历任中国书法家协会副主席、上海市文联副主席、上海市书法家协会副主席、西泠印社副社长。是风格独特的篆刻家，又是著述颇丰的印学家，专长于明清篆刻流派研究，荣获"中国书法艺术特别贡献奖"。出版有《四角亭泥古》、《去疾印稿》、《方去疾篆唐诗》、《明清篆刻流派印谱》，合作有《养猪印谱》、《瞿秋白笔名印谱》、《古巴谚语印谱》。

方去疾 印学家

史树青（1922 年—2007 年），文物学家。早在北平师范大学附中读书时就有志于研习文史与书画。1941 年考入辅仁大学中文系，1945 年入该校文科研究所史学组攻读研究生。先后在北平汇文中学、回满女子中学、东北中正大学、长白师范学院执教。1947 年经余嘉锡推荐到北平历史博物馆任职，历任中国历史博物馆研究员，国家文物鉴定委员会副主任委员。长期从事文物考古和博物馆学研究，尤精于文物鉴定，曾参加二里冈遗址发掘、燕下都遗址调查、新疆少数民族社会历史文物考察、孔望山摩崖石刻鉴定。主要著作有《长沙仰天湖出土楚简研究》、《中国历史文物鉴定通论》、《楼兰文书残纸》、《畏吾村谈画记》、《书画鉴真》，合著《应县木塔辽代秘藏》，主编《中国历史博物馆藏法书大观》。

史树青 文物学家

朱践耳（1922年—2017年），音乐家。1930年代随钱仁康学习和声，又入石人望训练班学习键钮式手风琴。1945年加入新四军苏中军区前线剧团，后任华东军区文工团乐队队长兼指挥。1955年赴莫斯科柴科夫斯基音乐学院学习。历任上海、北京等电影制片厂和上海实验歌剧院、上海交响乐团作曲。作为海内外颇具影响力的作曲家，其交响曲多采用无调性、自由序列的手法创作，将中国传统音乐与西方创作技法兼收并蓄。代表作《交响幻想曲》、《第二交响曲》获全国交响乐作品一等奖；《第四交响曲》获瑞士"玛丽·何赛皇后"国际作曲比赛大奖；《第一交响曲》获中国唱片公司"特别创作奖"；交响诗《百年沧桑》获第四届上海市文学艺术"优秀成果奖"。著有《朱践耳交响曲集》、《朱践耳管弦乐曲集》。

朱践耳 音乐家

何　为　作家

何为（1922 年—2011 年），作家。1937 年发表处女作《路》，参加上海爱国文艺通讯运动，任《野火》、《星火》编务，曾为《译报》等撰稿，编辑《大晚报》文艺周刊。1940 年出版首部作品集《青弋江》。1943 年毕业于上海圣约翰大学。历任《文汇报》记者，上海电影文学研究所、上海电影剧本创作所、江南电影制片厂编辑，福建省电影制片厂编辑组长，福建省文联、作家协会专业作家，中国散文学会副会长，中国作家协会名誉委员，福建省作家协会副主席、名誉主席。早年从事新闻及电影文学剧本编辑，后长期致力于散文写作，《何为散文选集》获首届鲁迅文学奖散文奖，《第二次考试》、《音乐巨人贝多芬》被编入中学语文教材。出版有《织锦集》、《小树与大地》、《闽居纪程》、《临窗集》、《何为散文长廊》。

524

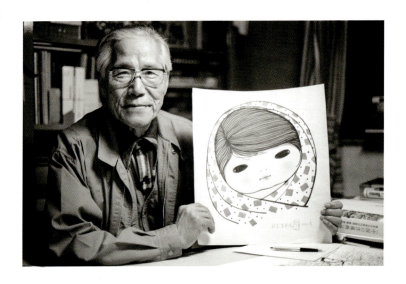

李平凡（1922年—2011年），美术家。早年在天津中日学院农科和天津市美术馆西画科就学，在鲁迅倡导中国新兴木刻运动感召下，自学木刻。1938年开始发表作品，参加津京木刻展，在河北乐亭中学任美术教师。1943年起侨居日本七年，曾任教师、编辑等职，多次主办中国初期及抗战时期的木刻展览，研究版画史并收藏日本版画，师从川西英学习日本水印技法。1950年回国后长期担任人民美术出版社编审，从事版画创作、理论研究与艺术活动，同时致力于国际版画交流，倡导版画教育和水印版画的普及，主编《版画世界》，擅长瓷盘画和藏书票设计。主要著作有《浮萍集》、《给祖国报告书》、《李平凡画集》、《李平凡文集》、《版画沧桑》，编著有《中国古代木刻画史略》、《日本浮世绘木刻》。

李平凡　美术家

唐振常（1922 年—2002 年），历史学家。早在大学时期就发表文章，1944 年加入中华全国文艺界抗敌协会成都分会。1946 年从燕京大学毕业后在《华西晚报》工作，又先后在上海、香港、天津《大公报》担任记者、编辑、采访主任，历任上海电影剧本创作所及上海电影制片厂编剧，《文汇报》文艺部主任，上海社会科学院历史研究所研究员、副所长，并任上海史志学会会长，上海地方志编纂委员会顾问兼审定委员。早期致力于新闻事业，以写报告文学、杂文为主，后从事戏剧电影剧本创作以及文艺评论，自 1970 年代起改业治史，专于近代史和上海史。主要著作有《章太炎吴虞论集》、《蔡元培传》、《饔飧集》、《川上集》、《识史集》、《当代学者自选文库·唐振常卷》，主编《上海史》、《近代上海繁华录》，出版有《唐振常文集》。

唐振常　历史学家

耿宝昌（生于 1922 年），文物学家。早在 1930 年代即投师于古陶瓷鉴定名家孙瀛洲门下学习。1936 年起在北平敦华斋古玩铺从业，1945 年在北平琉璃厂创办振华斋。1956 年起进入故宫博物院任职，历任故宫博物院修整组技工、副研究馆员、研究馆员，并任国家文物鉴定委员会副主任委员，中国古陶瓷学会理事和名誉会长，还兼任北京大学硕士研究生导师等职。长期从事中国历代文物的学术研究与鉴定工作，致力于古陶瓷和古工艺品研究，尤长于明清时期官窑瓷器鉴定，历年来经常赴全国各地讲学并考察古陶瓷窑址以及器物鉴定。主要著述有《明清瓷器的鉴定》、《宣德青花罐》、《对日本陶瓷的初步探讨》，主编有《中国文物精华大全·陶瓷卷》、《中国鼻烟壶珍赏》、《中国古陶瓷图典》。

耿宝昌　文物学家

沈建中摄影
顾建龙题

秦怡（1922年—2022年），电影艺术家。早在学生时代就参加进步话剧演出。曾在中国万岁剧团、中国电影制片厂、中华剧艺社担任演员，在话剧《桃花扇》《中国万岁》和电影《好丈夫》中均有出色表演，被誉为"四大名旦"之一。抗战胜利回到上海，先后在《大地回春》《忠义之家》等影片中饰演主要角色，《遥远的爱》为成名作。1950年后历任上海电影制片厂演员剧团副团长，上海电影（集团）有限公司艺术委员会顾问，荣获大众电视金鹰奖优秀女演员奖、中国电影世纪奖最佳女演员、国家有突出贡献电影艺术家称号、上海文艺家终身荣誉奖及金鸡、百花电影节终身成就奖。曾主演影片《马兰花开》《北国江南》及电视剧《上海屋檐下》，并在《女篮5号》《青春之歌》《海外赤子》中扮演重要角色。

秦 怡 电影艺术家

沈建中攝影

顧廷龍題

钱伯城（1922 年—2021 年），文史学家。1937 年后任上海生活书店练习生，上海《文汇报》社资料员，中学语文教员。1950 年代起担任上海新文艺出版社、上海古典文学出版社、中华书局上海编辑所编辑，历任上海古籍出版社编辑室主任、《中华文史论丛》编辑室副主任、总编辑、社长，并兼任上海市古籍整理出版规划小组副组长。长期从事古籍文献整理的编辑出版工作，并致力于古典文学研究、写作，老年时期尤专于撰写文史领域的杂文杂论。主要著作有《辛弃疾传》、《司马迁的故事》、《唐宋古文运动》、《韩愈》、《袁宏道集笺校》、《古代文言短篇小说选注》、《问思集》等。此外，还发表历史小说《小忽雷》、《长命女》，论文《〈约翰·克利斯朵夫〉在中国》、《关于韩愈的诗》、《洪升和他的戏曲〈长生殿〉》。

钱伯城 文史学家

沈建中摄影
颐廷龙题

宿白（1922 年—2018 年），考古学家。1944 年从北京大学历史学系毕业后，考入该校文科研究所就读研究生，1948 年又任职于该所考古研究室。1952 年后一直在北京大学执教，先后在历史系、考古系担任教授、系主任等职。长期从事隋唐考古学和佛教考古学的科研与教学，专于对历代遗址、石窟古迹、古代墓葬的发掘和考察，曾对响堂山、敦煌、龙门、克孜尔等石窟进行测绘、记录和专题研究，主持河南白沙水库墓群、河北涧沟齐村龙山商周遗址的发掘以及对西藏文物调查。主要著作有《白沙宋墓》、《中国石窟寺研究》、《西安地区唐墓壁画的布局和内容》、《藏传佛教寺院考古》、《隋唐城址类型初探》、《两汉魏晋南北朝时期的敦煌》、《居庸关过街塔考稿》、《唐宋时期的雕版印刷》。

宿 白 考古学家

绿原（1922 年—2009 年），外国文学研究家。早年高中毕业后在中国兴业公司钢铁部做练习生，1941 年在重庆复旦大学外文系就读，参与编辑《诗垦地》。1944 年后在重庆、武汉担任中学英语教员。1947 年在武汉美商德士古石油公司任职。1949 年起历任《长江日报》文艺组组长，中共中央宣传部国际宣传处组长，后在商务印书馆版本图书馆、人民文学出版社编译所和外国文学编辑室从事编译，曾任人民文学出版社副总编。长期致力于诗歌创作和诗论研究，是七月派重要诗人之一；并从事外国文学翻译与研究。主要著作有诗集《童话》、《又是一个起点》、《集合》、《人之诗》、《绿原自选诗》，文集《葱与蜜》、《非花非雾集》、《未烧书》，译著有《邻笛集》、《浮士德》、《黑格尔传》、《德国的浪漫派》、《现代美学析疑》。

绿　原　外国文学研究家

沈建中摄影

顾廷龙题

舒芜（1922年—2009年），文学理论家。抗战爆发即投入抗日救亡运动，并开始文学活动。1940年高中辍学后在鄂、川乡间的小学任教，自1944年起先后在四川女子师范学院、江苏学院、桂林师范学院执教，期间研究中国哲学与文学，写作杂文，其中《论主观》曾在国统区文艺界引起论争。1949年开始历任南宁中学校长，广西省文联研究部部长，南宁市文联副主席，人民文学出版社编辑、副主任，中国社会科学院《中国社会科学》杂志编审等职。长期致力于有关中国古典文学以及近现代文化的研究、评论、编辑与著述，主要著作有《挂剑集》、《说梦录》、《串味读书》、《周作人的是非功过》、《舒芜文学评论选》、《回归五四》、《李白诗选》，合编有《康有为诗文选》、《中国近代文论选》，出版有《舒芜集》。

舒 芜 文学理论家

管 桦 作家

管桦（1922年—2002年），作家。1940年进入晋察冀华北联合大学文学系学习。1941年起先后担任冀东《救国报》随军记者，冀东军区政治部尖兵剧社队长，冀察热辽军区文工团副团长，东北鲁迅艺术文学院文学研究室研究员等职，从事小说、散文、诗歌和剧本的创作。1949年起在天津中央音乐学院、中央乐团任创作员，专于歌词创作。自1963年开始在中国作家协会北京分会专业从事文学创作，长期致力于小说创作和歌词写作，并擅长书画艺术，尤以墨竹闻名。历任中国作家协会北京分会主席，北京市文联主席，北京老舍研究会会长。主要作品有《辛俊地》、《将军河》、《山谷中》、《小英雄雨来》、《龙争虎斗》、《管桦儿童诗歌选》、《管桦中短篇小说集》，歌词有《听妈妈讲过去的故事》、《我们的田野》，画集有《苍青馆墨竹画选》。

542

熊秉明（1922年—2002年），艺术学家。早年从南京到北京又至云南而完成学业，1944年毕业于西南联合大学哲学系，被征调军中任翻译官辗转滇南丛山中。抗战胜利后考取公费赴法留学，1947年在巴黎大学文学院攻读哲学，又入巴黎艺术学院专修雕刻。1962年起在巴黎第三大学东方语言文化学院执教，曾任中文系教授、系主任。旅法五十余年，毕生从事东西方文化、哲学、艺术的理论研究，在诗歌、绘画、书法等方面均有成就，尤专于雕塑艺术，早期创作头像、大型纪念雕塑，后期专攻以系列动物为专题的铁焊作品及石膏水牛题材作品。主要著作有《关于罗丹的日记》、《看蒙娜丽莎看》、《中国书法理论体系》、《诗三篇》、《回归的塑造》、《展览会的观念》、《熊秉明作品集》。

熊秉明　艺术学家

魏绍昌 文史学家

魏绍昌（1922 年—2000 年），文史学家。1936 年发表文学作品。1943 年毕业于上海光华大学文学院历史系，曾任银行职员，1954 年转入上海作家协会并任资料室负责人、研究馆员。曾任汉堡大学汉学系客座教授，又在哈佛大学、哥伦比亚大学讲学。历任近现当代三套文学资料研究丛书编委，全国红楼梦学会、中华文学史料学会理事，日本《清末小说杂志》特约编撰。在"鸳鸯蝴蝶派文学"、近现代文学史料、海派文化、戏曲电影及"红学"等研究领域都有贡献，搜集文史资料颇丰。著有《晚清四大小说家》、《我看鸳鸯蝴蝶派》、《红楼梦版本小考》、《浦江漫笔》、《东方夜谈》、《艺苑拾遗》、《文心雕犬》，主编《中国近代文学辞典》、《民国通俗小说大辞典》、《中国近代文学大系·史料索引集》、《鸳鸯蝴蝶派研究资料》。

沈建中摄影
顾廷龙题

石兴邦（1923年—2022年），考古学家。早年毕业于南京大学边政系，考入浙江大学人类学系就读研究生。1950年起先后在中国科学院、中国社会科学院考古研究所、陕西省考古研究所、陕西省社会科学院工作，历任秘书、研究员、所长、副院长，曾任长江流域考古队队长，西北大学历史系教授，陕西省考古学会副会长。长期从事历史学和考古学的学术研究，致力于田野考古活动，尤专于新石器时代（氏族社会）研究，曾主持西安半坡遗址、下川遗址、白家遗址、秦俑二期、法门寺地宫的发掘，还有长江流域的考古调查和唐帝王陵发掘的先期研究考察。主要著作有《西安半坡》、《半坡氏族公社》、《中国新石器时代文化体系研究》、《临潼白家村》，主编《中国原始文化论集》、《中国考古学研究论集》、《周秦文化研究》。

石兴邦　考古学家

沈建中摄影
顾建龙题

厉慧良（1923年—1995年），戏曲艺术家。1930年在上海师从刘晓香练功，1933年从张福通学戏，后又向潘奎祥、赵瑞春诸家学艺，博采众长，被誉为"神童"。1936年其父开办厉家童伶班，与兄弟妹被誉为"厉家五虎"，也为厉家班的台柱子，在长江一带演出，并被赞为"江南第一童伶京班"。抗战爆发后，随斌良国剧社（厉家班）在川、贵、云三省演出，以演老生戏为主，武戏为辅。1940年代改以演武戏为主，在京、津、沪及山东等地巡演。1956年起历任天津京剧团主演、副团长、团长，曾为李少春救场，所演《野猪林》名闻全国；不但擅演经典剧目，还能演《六号门》等现代戏，创作的几手绝技深受观众喜欢，成为京剧武生"厉派"的创始人，被公认为杨小楼以后最好的武生，赢得"东方武王"的美誉。

厉慧良 戏曲艺术家

550

孙克纲（1923年—2007年），美术家。幼承家学，临习古画，因贫寒被迫辍学做店员徒工，但仍坚持自学书画。1940年起拜津门原北平"湖社"名家刘子久为师学画，对中国画的笔墨技法刻苦研习，练就了扎实的技巧。1956年起在天津人民美术出版社任图书编辑。1960年代曾在中国美术家协会天津分会、天津画院，从事专业美术创作和艺术活动。长期致力于中国山水画的创作实践与技法创新，深入秦岭、太行、华山、峨眉、黄山、泰岱、长城、三峡等名山大川写生，多次举办画展并获奖，同时编著多种山水画的技法教材。历任中国美术家协会天津分会副主席、天津市国画研究会副会长。代表作品有《秦岭烟云》、《李白诗意图》，出版有《山水画法析览》、《山水树石技法》、《孙克纲教学画稿》、《山水课画稿》、《孙克纲画集》。

孙克纲　美术家

李之勤（1923年—2019年），历史学家。1945年考入西北大学历史学系，1949年毕业后留校任助教。1952年进入中国人民大学研究生班进修中国古代史，师从尚钺、郑昌淦、戴逸。1955年后一直在西北大学历史系执教，历任教授、西北历史研究室主任、古籍整理研究所所长。长期致力于有关中国古代史、历史地理、交通史、中俄关系史和明清资本主义萌芽的研究著述、古籍整理与教学活动，曾参加《汉书》、《新注二十四史》点校和选注，以及《陕西兵要地志》、《陕西军事历史地理资料》、《中华人民共和国地名辞典·陕西省》、《沙俄侵略中国西北边疆史》、《中国近代边界史》的编写。主要著作有《西北史地研究》、《蜀道史话》、《王徵遗书》、《中国思想家评传丛书·杜佑评传》、《新编华山志·石刻编》，出版有《李之勤集》。

李之勤 历史学家

范用（1923年—2010年），编辑出版家。自1938年开始在武汉、重庆、桂林、上海等地读书、生活出版社任职，曾任经理、出版部主任。1948年后曾在上海生活·读书·新知三联书店、华东军事管制委员会新闻出版处、中共中央宣传部出版委员会工作。1950年代起在北京从事出版工作和文艺活动，历任中央人民政府出版总署出版局副主任，人民出版社副总编辑和副社长，生活·读书·新知三联书店总经理等职。曾主持出版《随想录》、《傅雷家书》、《牛棚日记》、《晦庵书话》以及"读书文丛"、"文化生活译丛"、"新知文库"、"现代西方学术文库"等大量颇有影响的优秀图书，倡议并参与创办《新华文摘》、《读书》杂志。主要著作有《我爱穆源——给小同学的信》、《泥土·脚印》、《叶雨书衣》，编著《战斗在白区》、《留真集影》。

范　用　编辑出版家

林斤澜 作家

林斤澜（1923年—2009年），作家。早年即投身于抗日救亡演剧活动，在家乡温州中学毕业后，又参加新四军在闽浙交界处打游击。曾在无锡苏南新闻专科学校学习。1945年毕业于重庆社会教育学院，后赴台湾工作，参加过"二·二八"爱国起义。1950年代开始在北京从事文艺活动，先后任职于北京人民艺术剧院创作室、北京市文学艺术联合会、中国作家协会北京分会，1961年开始从事文学专业写作，曾主编《北京文学》。自1950年发表剧作以来，长期致力于文学创作，写小说、散文，又写文学评论，尤长于短篇小说创作，形成一种独特的艺术风格。主要作品有《春雷》、《飞筐》、《山里红》、《矮凳桥风情》、《十年十癔》、《林斤澜小说选》、《小说说小》、《布谷》、《随缘随笔》、《杂花生树》。

顾炳鑫（1923年—2001年），美术家。从少年时期起就自学美术，早年业余执刀木刻并绘漫画，曾在上海三联书店任职。1951年加入上海美术工作者协会，参加连环画小组活动，是我国新连环画事业的开拓者之一。1952年进入华东人民美术出版社开始从事专业连环画创作。1956年在上海人民美术出版社连环画创作室担任副主任，先后创作《黎明河畔》、《渡江侦察记》、《红岩》、《蓝壁毯》、《小辫子哥和我》等佳作，被誉为"南顾（炳鑫）北刘（继卣）"。1960年代起专于中国人物画创作，形成"长线描兼工带写"的画风，出任上海大学美术学院国画系主任，上海美术家协会连环画艺术委员会主任。同时，致力于传统白描以及明清版画刻本的收藏与研究。出版有《顾炳鑫人物画集》、《顾炳鑫文集》。

顾炳鑫　美术家

560

陶增骥（1923年—2005年），经济学家。早年师从镇江名儒张翼谋，深受影响。1941年考入
复旦大学法学院经济系就读，随校辗转重庆等地，1946年毕业后曾在交通银行任职，1950年
代参加筹建中国人民建设银行以及从事有关银行制度的制订。1960年代先后在中央财政金融
学院、山东财经学院、山东大学执教。1980年后历任财政部财政科学研究所研究员、博士生
导师、基础理论研究室主任、学位评定委员会副主任，并任中国财政学会经济杠杆研究会副
总干事，中国管理科学研究院财政经济研究所副所长，中国投资学会常务理事。较早倡议并
参与创设"基本建设财务与信用"学科，是我国财政与投资经济理论研究的主要开拓者，擅
长诗词写作。著有《基本建设财务与信用》、《社会主义经济建设与投资》、《伏枥诗存》。

陶增骥　经济学家

562

蒋孔阳（1923 年—1999 年），文艺理论家。早在国立四川二中就读高中时，主编墙报《学习与研究》，并开始在报刊上发表文章。1941 年考入国立政治大学经济系，毕业后曾在江苏镇江中国农民银行任职，业余从事写作。1948 年进入海光图书馆担任编译，主编《海光书讯》。1951 年起在复旦大学新闻系、中文系执教，历任教授、艺术教研室主任、文艺理论教研室主任、美学研究室主任，还任国务院学位委员会评议组成员，中华全国美学学会副会长，上海市社科联副主席等职。毕生致力于文艺理论和美学的教学与科研，主要著作有《文学的基本知识》、《形象与典型》、《先秦音乐美学思想论稿》、《德国古典美学》、《文艺与人生》、《美学新论》、《蒋孔阳全集》，译著《近代美学史述评》，主编《中国古代美学艺术论文集》、《西方美学通史》。

蒋孔阳　文艺理论家

沈建中攝影
顾廷龙题

臧尔忠（1923 年—1998 年），古建筑学家。1947 年毕业于国立北洋大学北平部建筑系。长期从事中国古代建筑学科的教学与研究，致力于古代建筑的保护事业与古建构造的研究，历任北京建筑工程学院建筑系教授、建筑历史美术教研室主任，《古建园林技术》编委，中国紫禁城学会常务理事，中国文物学会传统建筑园林研究会常务理事，是《古建筑木结构维护与加固技术规范》主要编写者之一。曾先后赴美国、日本讲学，主持北京西郊团城演武厅、国子监、孔庙等古建筑的修缮设计和颐和园慈福牌楼的复原，指导学生测绘大量古建文物，负责制订三峡淹没区忠县石宝寨的保护规划。主要著述有《清式斗栱分件图集》、《中国古代建筑史概说》、《古建文萃》，译著有《美国历史建筑和遗址的保护》。

臧尔忠　古建筑学家

冯其庸（1924 年—2017 年），古典文学研究家。早年曾任小学教员，1945 年考入苏州美术专科学校，次年转入无锡国学专修学校，于 1948 年毕业。曾在苏南行署工作，又任无锡第一女中教导处副主任。1954 年起在北京历任中国人民大学教授、语言文学系副主任、国学院院长、中国艺术研究院副院长和红楼梦研究所所长，中国红楼梦学会会长，《红楼梦学刊》主编等职。长期从事中国古代文化史、古典作品与作家的学术研究与教学活动，尤专于《红楼梦》的考证和研究；同时还致力于文艺评论与艺术史的研究，擅长诗词写作和书画艺术。主要著作有《春草集》、《逝川集》、《梦边集》、《八家评批红楼梦》、《论庚辰本》、《曹雪芹家世新考》、《石头记脂本研究》，主编有《历代文选》、《红楼梦大辞典》。

冯其庸 古典文学研究家

仲星火　电影艺术家

仲星火（1924 年—2014 年），电影艺术家。1946 年来到山东临沂解放区，进入山东大学文艺系，经常到前线和农村进行宣传演出，演技得到了锻炼。后随华东军区政治部文工团南下，1949 年进驻上海并随文工团一队分配到上海电影制片厂，从 1950 年影片《农家乐》出演村长起步，由此开始电影表演生涯。先后在故事片《南征北战》、《今天我休息》、《李双双》、《405谋杀案》、《巴山夜雨》、《月亮湾的笑声》、《天云山传奇》、《毛泽东在上海·1924》等经典影片以及多部电视剧中塑造了众多脍炙人口的角色，不仅工农兵、干部、民警、知识分子样样都能演，而且难度很大的喜剧人物、反派角色也同样演得活灵活现。曾获得首届中国电影金鸡奖最佳男女配角集体奖、第二届电影百花奖最佳配角奖。

570

袁鹰（1924年—2023年），作家。早年在上海就读中学时便发表文学作品。1943年在之江大学教育系攻读，参加编辑《莘莘》、《新生代》等学生刊物。抗战胜利后，参与筹备上海文艺青年联谊会，编辑《学生报》，曾任中学教员，又任《世界晨报》、《联合晚报·夕拾》、《新文丛》、《新民报》的记者和编辑。1950年起在《解放日报》担任记者、文教组组长。1952年开始在《人民日报》出任编辑、文艺部主任，主编《散文世界》，曾任《人民文学》、《儿童文学》编委。长期在北京从事报刊编辑和文艺活动，致力于文学写作，尤其擅长散文、诗歌和儿童文学创作。主要作品有《篝火燃烧的时候》、《第一个火花》、《风帆》、《江湖集》、《秋水》、《长夜行人——于伶传》、《袁鹰散文六十篇》、《上海：未褪色的梦忆》。

袁鹰　作家

572

黄永玉（1924年—2023年），美术家。早年进入厦门集美学校学习美术。曾从事木刻艺术活动，先后担任瓷厂美工和舞台美术设计。1947年在上海参加中华全国木刻协会任常务理事，并开始创作诗歌。1948年在台湾、香港任报刊美术编辑。1952年起在北京历任中央美术学院讲师、副教授、教授，文化部中国画创作组创作员，中国美术家协会常务理事、副主席。长期致力于美术创作与活动，多次在各地举办个人画展，作品《阿诗玛》获莱比锡插图银质奖和意大利"司令荣誉勋章"；亦从事文学写作，写诗歌、散文和电影剧本。主要著作有《黄永玉木刻集》、《曾经有过那种时候》、《我的心，只有我的心》、《太阳下的风景》、《永玉六记》、《黄永玉大画水浒人物》、《火里凤凰》、《黄永玉画集》。

黄永玉　美术家

沈建中摄影

顾廷龙题

574

黄永年（1925年—2007年），古文献学家。早在1944年于省立苏州中学就读时便发表文章，1946年考入复旦大学历史学系，曾在《文物周刊》等刊发表学术论文，1950年毕业后在上海、西安交通大学执教，又在西安交通大学图书馆工作。1978年起在陕西师范大学图书馆、历史系、唐史研究所、古籍整理研究所，担任教授、所长，并任国家古籍整理出版规划领导小组成员等职。长期从事有关历史学科和古籍文献方面的教学、研究、整理、校勘和著述活动，主要研究领域为唐代历史、文献学、版本目录学、碑刻学以及古典文学，发表论文甚丰，擅长书法和篆刻艺术。主要著作有《唐代史事考释》、《文史探微》、《唐史史料学》、《〈旧唐书〉与〈新唐书〉》、《古籍整理概论》、《唐太宗李世民》、《古籍版本学》、《古文献学四讲》。

黄永年　古文献学家

黄宗英（1925年—2020年），作家。早年投身于进步戏剧活动，1941年加入上海剧艺社，作为职业演员曾任职于上海同华剧社、北平南北剧社、北平中央电影三厂，1946年又到上海出任昆仑影业公司演员。1950年起在上海电影制片厂继续从事电影表演艺术活动，主演影片有《追》《幸福狂想曲》《丽人行》《乌鸦与麻雀》《家》等。1965年开始在中国作协上海分会从事专业文学创作。1991年主持拍摄电视纪录片《望长城》。自1946年发表散文《寒窗走笔》以来，长期致力于报告文学和散文的写作，还写电影剧本。主要作品有《特别姑娘》《小丫扛大旗》《大雁情》《美丽的眼睛》《天空没有云》，出版有《星》《桔》《小木屋》《黄宗英报告文学选》《我们俩》《半山半水半书窗》。

黄宗英 作家

黄胄（1925年—1997年），美术家。初中辍学后便开始谋生，1940年代初从河北流徙到西安，拜赵望云为师学画。1948年参加解放军，随军辗转新疆、甘肃、青海。先后在西北军区战士读物出版社、西北师范学院艺术系、解放军总政治部创作室、中国人民革命军事博物馆、中国画研究院任职。毕生从事美术创作，多次深入少数民族地区写生，专长人物画，尤以善绘毛驴著称，先后在日本、新加坡、英国举办作品展览。同时收藏诸多历代书画精品，1991年创办我国第一座民办公助的大型的炎黄艺术馆，出任馆长。代表作品有《苹果花开的时候》、《庆丰收》、《奔腾急》、《载歌行》、《百驴图》、《洪荒风雪》、《松鹰图》，出版有《黄胄作品选》、《黄胄速写集》、《黄胄谈艺术》、《黄胄画集》。

黄胄 美术家

沈建中摄影
顾廷龙题

李若冰（1926年—2005年），作家。早年即投身于抗日救亡运动，1938年奔赴延安，参加延安抗战剧团。1941年起先后在边区艺术干校、西北文工团、中央党校学习并从事文艺活动，1944年进入鲁迅艺术文学院文学系就读。1946年后在西北军区政治部工作，主编《群力报》。1950年在中央文学研究所进修。自1953年起在西北文联、中国作家协会陕西分会从事专业文学创作，尤长于散文创作，曾赴甘肃河西走廊、青海柴达木盆地、大庆油田、塔里木盆地和关中农村深入生活，写出许多表现石油勘探、农村及工矿的散文和小说。历任陕西文联主席等文化宣传领导职务，主要著作有《在勘探的道路上》、《柴达木手记》、《旅途集》、《山·湖·草原》、《神泉日出》、《高原语丝》、《塔里木书简》、《满目绿树红花》、《李若冰散文选》、《李若冰文集》。

李若冰　作家

沈建中摄影
顾廷龙题

文洁若（生于 1927 年），翻译家。1946 年进入清华大学外文系英文专业，1950 年在三联书店任校对，次年进入人民文学出版社，参与编辑的译稿包括周作人译作《古事记》、《枕草子》，钱稻孙译作《近松门左卫门作品选》，丰子恺译作《源氏物语》等多种。1980 年代应邀作为访问学者和客座研究员，赴日研究日本近现代文学；多次出访从事国际文学交流活动。历任人民文学出版社编审，中国作家协会会员，日本文学研究会理事。长期致力于翻译事业以及散文写作，是我国翻译日文作品最多的翻译家，获得中国翻译协会授予"翻译文化终身成就奖"，并获"日本外务大臣表彰奖"、"勋四等瑞宝章"。著有《我与萧乾》、《梦之谷奇遇》、《文学姻缘》，译有《芥川龙之介小说选》、《天人五衰》、《东京人》，合译《尤利西斯》。

文洁若　翻译家

王千（1927年—2009年），书法家。自幼秉承家学，诵诗习文，醉心于书法艺术。早年在津沽名校耀华中学读书，1949年毕业于北平朝阳大学法律系，考入北京中央美术学院绘画系就读，后又转入河北大学中文系继续求学，毕业后在天津教师进修学院执教多年，曾任中学语文教师。历任天津教育学院中文系副教授，南开大学东方艺术系客座教授，天津市书法家协会副主席，天津市文史研究馆馆员，天津市书法教育研究会副理事长，天津市妇女书法研究会会长。长期致力于书法艺术创作实践与理论技法研究，工于诸体写法，飘逸清婉，自成一家，尤以隶书和行书驰誉书坛，同时古典文学造诣精深，还主持编写天津市小学、中专的书法教材以及南开大学书法讲义。出版有《王千书法集》。

王 千 书法家

沈建中摄影

顾廷龙题

黄翔鹏（1927年—1997年），音乐学家。1941年在南京钟英中学求学期间，加入"团结救国社"。1947年从金陵大学物理系肄业，考入南京国立音乐院理论作曲系就读。1951年从中央音乐学院毕业后留校任教。1958年起在中国艺术研究院音乐研究所任职，历任研究员、所长，并任中国传统音乐学会会长等职。毕生从事中国传统音乐理论、古代音乐史的学术研究和音乐教育事业，尤长于音乐考古和文物、传统乐律学和音乐型态学方面的研究，提出曲调与乐调考证的创说。曾获我国"中国科学院自然科学奖"和日本"小泉文夫音乐奖"。主要著作有《传统是一条河流》、《溯流探源》、《中国人的音乐与音乐学》，主编有《中国音乐文物大系》、《中国音乐年鉴》，另有《黄翔鹏文存》、《乐问——中国传统音乐百题》等。

黄翔鹏　音乐学家

新凤霞（约1927年—1998年），戏曲艺术家。童年即随堂姐杨金香学习京剧，十三岁拜小五珠为师，改学评剧，一年后在各地登台演出。1946年主演评剧《风雪夜归人》、《雷雨》。1947年起在北京天桥万胜轩搭班"鸣凤社"唱戏，演出传统剧目《花为媒》、《杜十娘》、《桃花庵》。1950年初任首都实验评剧团团长，首演评剧《牛郎织女》。1951年任解放军总政治部评剧团副团长。自1954年起在中国评剧院任职，毕生从事评剧艺术的表演实践与演技研究，其嗓音甜脆、唱腔优美、双目传神，形成独具一格的"新派"，以"疙瘩腔"闻名剧坛，擅演《刘巧儿》、《杨三姐告状》、《祥林嫂》、《凤还巢》。曾师从齐白石学画，又致力于写作，出版《新凤霞回忆录》、《舞台上下》、《皇帝与新凤霞》。

新凤霞　戏曲艺术家

庞朴（1928 年—2015 年），历史学家。1952 年考入中国人民大学，攻读哲学专业研究生。1954 年毕业后在山东大学哲学系执教。后长期在中国社会科学院担任研究员；历任《文史哲》编委，《历史研究》主编，《中国社会科学》副主编，中国文化书院学术委员会主席，联合国教科文组织《人类科学文化发展史》国际编委会中国代表等职。早在 1956 年就在《哲学研究》上发表学术论文《否定之否定是辩证法的一个规律》，长期致力于有关中国哲学史、思想史以及中国古代文化史和出土简帛的学术研究活动，尤专长于对中国辩证法的研究。主要著作有《公孙龙子研究》、《沉思集》、《儒家辩证法研究》、《稂莠集——中国文化与哲学论集》、《文化的民族性与时代性》、《一分为三——中国传统思想考释》、《竹帛五行篇校注及研究》。

庞　朴　历史学家

592

宗璞（生于 1928 年），作家。1946 年考入南开大学外文系就读，1948 年后转入清华大学外文系，同年发表小说处女作《A·K·C》。1951 年毕业后在政务院宗教事务委员会任职。1953 年起在中国文学艺术界联合会研究部工作，曾任《文艺报》外国文学组编辑。1960 年在《世界文学》杂志评论组担任编辑。后一直在中国社会科学院外国文学研究所英美文学研究室任研究员。长期从事外国文学作品翻译、编辑与研究，同时还致力于文学创作活动，尤专长于写作小说和散文。主要作品有《红豆》、《寻月记》、《鲁鲁》、《丁香结》、《弦上的梦》、《三生石》、《南渡记》、《东藏记》、《宗璞小说散文选》、《风庐童话》、《风庐散文选》、《风庐短篇小说集》，译著有《缪塞译诗选集》、《拉帕其尼的女儿》多种。

宗璞 作家

吴敬琏　经济学家

吴敬琏（生于 1930 年），经济学家。1954 年毕业于复旦大学，进入中国科学院经济研究所，曾随苏联阿·毕尔曼研究企业财务和国家财政问题，参加孙冶方、于光远主编的课题写作。先后在耶鲁大学、牛津大学等校任访问学者、客座教授。历任中国社会科学院研究员，国务院发展研究中心常务干事，全国政协常委兼经济委员会副主任，北京大学等校教授，《比较》等杂志主编。荣获孙冶方经济科学奖、国际管理学会"杰出成就奖"和中国经济学杰出贡献奖。长期从事理论经济学、比较制度分析、中国经济改革的理论与政策、现代公司治理等学科的研究。出版著作《计划经济还是市场经济》、《现代公司与企业改革》、《改革：我们正在过大关》、《十年纷纭话股市》、《转轨中国》、《中国增长模式抉择》、《呼唤法治的市场经济》。

596

陈乐民（1930 年—2008 年），中西史学与欧洲学家。早年就读于燕京大学、中法大学、清华大学、北京大学，专修英语、法语及西方文史哲。随后被派驻维也纳中国人民保卫世界和平委员会就职，历时十载。1971 年起在中国人民对外友好协会、外交部国际问题研究所任职。1983 年起历任中国社会科学院欧洲研究所研究员、所长、荣誉学部委员，欧洲学会会长，荣获国家有突出贡献专家称号。长期从事民间外交、国际政治和中西历史文化的学术研究，在我国首倡"欧洲学"观念；并在中国文史哲诸领域亦有成果。著述丰富，出版有《欧洲文明十五讲》、《战后西欧国际关系》、《"欧洲观念"的历史哲学》、《文心文事》，主编和主要撰稿《战后英国外交史》、《西方外交思想史》，译著《有关神的存在和性质的对话》等多种。

陈乐民　中西史学与欧洲学家

梅葆玥（1930年—2000年），戏曲艺术家。出身梨园世家，是梅兰芳唯一的女儿。1943年随李桂芬学唱老生。十六岁与弟葆玖在上海皇后大戏院演出《四郎探母》。1953年从上海震旦女子文理学院毕业后担任中国戏曲学校国文教员，1954年进入中国京剧院，开始表演职业生涯。1958年转入北京京剧院梅兰芳京剧团，与葆玖在其父最后创作的《穆桂英挂帅》中饰穆氏儿女，父女、父子三人同台演出。后与葆玖长期合作主持梅剧团，在国内外巡回演出交流。毕生致力于京剧表演艺术，初以高亢洪亮为主，中期习余派、杨派，追求韵味醇厚，后期传承孟小冬之唱法。风格规范讲究，嗓音苍劲醇厚，扮相俊美儒雅，表演细腻严谨，擅演《红鬃烈马》、《四郎探母》、《捉放曹》、《文昭关》、《辕门斩子》等剧目。

梅葆玥　戏曲艺术家

600

梅葆玖（1934年—2016年），戏曲艺术家。十三岁登台演出《玉堂春》、《四郎探母》等剧，十八岁开始与其父梅兰芳同台演出。历任北京京剧院梅兰芳京剧团团长、国家一级演员。作为梅派艺术传人，毕生致力于梅派艺术的传承和发展，扮相、演唱近似其父，嗓音甜美圆润，唱念字真韵美，表演端庄大方，在青衣、花衫、刀马旦诸行当技艺造诣甚深，同时培养一大批艺术传人。曾获纽约林肯美华艺术中心授予的亚洲杰出艺人奖、世界艺术家协会授予"艺术大师奖"和"终身成就奖"、"世界和平大使"奖章，并获中国京剧终身成就奖、华鼎奖终身成就大奖。代表剧目有《霸王别姬》、《贵妃醉酒》、《穆桂英挂帅》、《洛神》等梅派京昆经典剧目。出版有《梅葆玖京剧唱腔选》、《太真外传·贵妃醉酒》、《昆曲断桥》。

梅葆玖　戏曲艺术家

蔡仲德　音乐学家

沈建中摄影 顾廷龙题

603

蔡仲德（1937年—2004年），音乐学家。1960年毕业于华东师范大学中文系，曾任中央音乐学院附中语文教师。1979年起研究中国音乐美学史，1983年起在中央音乐学院音乐学系任教，在全国率先开设"中国音乐美学史"、"《乐记》《声无哀乐论》研究"等课程。1993年起研究中国文化、哲学与士人格，并开设"士人格研究"课。历任中央音乐学院音乐学系教授、博士生导师，全国音乐美学学会理事，冯友兰研究会常务理事。在中国音乐美学史学科研究领域里，其代表著作《中国音乐美学史资料注译》是第一部系统资料集，《中国音乐美学史》是开山之作，奠定了他的开创者地位。还出版有《冯友兰先生年谱初编》、《〈乐记〉〈声无哀乐论〉注译与研究》、《音乐与文化的人本主义思考》。

邢啸声（1938 年—2020 年），西方艺术史学家。早年毕业于北京外国语学院，进入三机部担任西语译员。1975 调入外文出版局中国文学社任法文翻译。1981 年在中央美术学院主持编辑《世界美术》，又旅法研究西方现当代艺术与中世纪艺术，讲授中国艺术史，并赴欧美诸国考察。2000 年当选西班牙皇家圣费尔南多美术学院通讯院士。由主持杂志、著译和策展，为我国引介从欧美到拉美，从古印地安、中世纪到现当代等世界艺术，主要策展"塔皮埃斯版画展"、"维弗雷多·林版画展"、"罗丹大展"、"巴尔蒂斯绘画展"和"米罗·东方精神"。出版有《西班牙绘画》、《墨西哥艺术》、《圣雅各之路朝"胜"记》、《〈神曲〉插图集》、《基督教神圣谱》、《现代拉丁美洲具象艺术》、《法国雕刻》等。

邢啸声　西方艺术史学家

戴敦邦 美术家

戴敦邦（生于 1938 年），美术家。1956 年毕业于上海第一师范学校，历任《中国少年报》、《儿童时代》美术编辑，从事插图工作。1976 年入上海工艺美术研究所，后担任上海交通大学艺术系主任、人文学院教授，中国美术家协会连环画艺术委员会副主任，上海道教协会副会长，上海美术家协会连环画艺术委员会主任，还是中国唐代文学学会会员，中国红楼梦研究会会员，《连博》刊物总监。长期致力于中国画、连环画以及文学作品插图，尤其擅长人物画，工写兼长，多以古典题材及古装人物入画，主要作品有《陈胜吴广》、《水浒人物一百零八图》、《红楼梦故事》连环画、《戴敦邦古典文学名著画集》、《戴敦邦黑白插图选》、《戴敦邦画谱全集》等，并为电视连续剧《水浒》创作设计人物形象造型。

沈建中摄影
顾廷龙题

陈逸飞（1946年—2005年），美术家。1965年毕业于上海美术专科学校，进入上海画院油画雕塑创作室从事油画创作，并任油画组负责人。1970年代先后创作了《黄河颂》、《占领总统府》、《踱步》和《周庄》等油画作品。1980年赴美留学，1984年获纽约亨特学院艺术硕士学位，后在纽约专于中国题材油画的研究和创作。1985年作品《桥》被联合国选作首日封，美国石油大王哈默访华时将其作《双桥》作为礼物送给邓小平。1992年回到上海继续从事油画创作，在海内外多次举办个人画展，作品被中国美术馆、中国人民革命军事博物馆和国内外收藏家广泛收藏。同时，以"大美术"理念，在电影、服饰、环境设计诸领域取得成就，导演摄制《海上旧梦》、《人约黄昏》、《逃往上海》、《上海方舟》、《理发师》等影片。

陈逸飞　美术家

代跋　学路烟云散记

小　引

还是去岁（2017 年）早春日子，读到戴燕教授《陟彼景山：十一位中外学者访谈录》，随即又读了葛兆光教授《余音：学术史随笔选 1992—2015》，很多文章都是重读，却有一种"群像"似的感动，不禁联想手头正在整理编辑廿年之前所作"二十世纪中国文化名家肖像"摄影专题，限于我个人能力而把拍摄人物最初限定在 1920 年前出生的老辈。虽说是迫不得已而为之，可《陟彼景山》访谈的极大部分老先生毕竟是一代人文学者，对我来说，千载难逢的机遇可遇不可求，如今只得为当年放弃谋求拍摄而后悔莫及。假设我能有一个安定的拍摄环境，那么我敢说，现在本书收录的可能就不止三百位前辈了，然而事实上是没有假设的。

《余音》纪念前贤的年代跨度较大，由晚清民国杨文会、沈曾植写到当代章培恒和朱维铮，十六位前贤中的周一良、庞朴先生，我曾有缘为他们摄影；书中有句"马学良在精心地撰写他的《撒尼倮语语法》"，马先生曾手录彝文《祭祖经》赐下，我视为珍宝；字里行间还提及冰心、吕叔湘、费孝通、何兹全、任继愈诸位前辈。《陟彼景山》也谈及张政烺等先生，我皆为摄影。由此，这两部书在我读来更为亲切，好像多少有些敦促我把自己这项摄影专题早日整理出来。况且，挚友柏伟君得知我正在从事这项工作，很是关注并鼓励，更激发我编辑本书的热情。缓慢的劳作过程，颇有"往日崎岖还记否"之感，触发回想昔年访师问学种种以及立志为文坛学界前辈摄影之起因。

我生于"三年自然灾害"，长在"十年动乱"，偏偏在十七八岁赶上"新时期"，——我的求知时代，也是多数青年人喜欢写诗的年头，书刊供不应求，图书馆、新华书店、报刊门市部都为流连忘返之地，阅读就像如饥似渴的样子；从学画及至欣赏文学、戏剧、电影、音乐，乃至读哲学阅史书，五花八门样样接触，热潮、思潮、流派应接不暇，浅尝辄止地溜达

610

一大圈。好像突然间的事，摄影一下子闯进了我的生活。当时凡文学艺术各门类一派热闹景象，适逢"五讲四美"的岁月，为学艺到处寻师访友，是学习学习再学习的一条重要途径。现在回味，这种随意的、无功利的教与学环境，颇感热情且美妙。那些年，稍不留神就会听说某某名师、某某名家、某某高手，或是邻居或住哪个弄堂，随之造访；如在或师或友家里高谈阔论至夜半，亦不为怪。而今却少见这样佳境，也难觅如此良机。

求教琐记之一

1977年深秋，熟人吴越君见我爱好摄影，带我去拜访她住的安福路上海人民艺术剧院斜对面弄内的上海电影制片厂摄影总技师吴蔚云先生（1907年—2003年），恳请他指导我学习摄影。初次拜见，老人家温文尔雅，笑容敦厚，秀琅架黑边眼镜里透出慈祥目光；师母糯糯细语招呼我吃茶、剥糖果，我端坐又自在，也跟着吴越君以及弄内众人那样喊起"阿公""阿婆"。去了几次，请益起来毫无拘谨，后来几乎每周都带着习作去讨教。

"阿公"家是长方大间，进门靠左临窗是八仙桌，用来吃饭和待客。右侧老式橱上方挂着越南政府颁发的锦旗，有次问起，他说，1959年就去越南帮助拍摄该国首部故事片《同一条江》；1969年胡志明主席向我国求援拍摄抗美侵略纪录片，周总理派遣我们前往，战火纷飞，几乎都穿行在丛林中摄影，要么隐蔽在小木船上拍摄沿河两岸。回国前胡主席设宴招待，亲手把奖章挂在我胸前，并授我锦旗。听他说得轻巧，可我心中一下子有了肩扛摄影机的英勇形象，惊讶道："阿公"也从事战地摄影呵。他却说最佩服朱今明当年冒着炮火在长江岸边拍摄渡江战役纪录片，又回忆起自己与罗静予合作《抗战特辑》第一、二集和《电影新闻》第41、42号，拍摄沿途遭到日机轰炸，真是九死一生。我得知第一部直接描写抗战的故事片《保卫我们的土地》（1938年）出自他执机的镜头之下。

听他谈起1940年摄制《白云故乡》，有次趴在半山坡墓穴里实拍敌机残忍轰炸扫射镜头；还说到拍摄日寇投降仪式新闻纪录片的情形，他提早到达现场，准备重点拍摄敌我双方将领的特写，突出新闻性。冈村走进来，当看到架着摄影机，立刻用手扶额、挡住脸，可他早已抢拍下来。冈村走到桌前向坐着的何应钦鞠躬，何却站起来欠一下身。他很吃惊又气愤：怎么日寇投降，你还能这样呢？

作为我国第一代电影摄影师，亲历从无声片到有声片、从黑白片到彩色片、从小银幕到宽银幕的发展历程，"阿公"既是电影摄影艺术家，又是电影机械专家。他告诉我，"文革"剥夺他拍电影的机会，被关在"牛棚"一年零四个月，等形势稍有放松，就去"淮国旧"淘了一架蔡司折叠相机，"靠边站"之余勤于练习，保持拍摄感觉。他常拿相机演示给我看，发觉我执机姿势有误，教我将取景框紧贴眉骨，左臂呈三角形抵胸的要领。每次传授时，喜欢在我带去的练习簿上画光位、光影和构图，一幅幅都像钢笔速写。我说正在学素描，他显得高兴，连连说这是摄影基础，也谈起自己在美丰石印局学徒时，潜心苦学绘制香烟牌上古装人物画，练就扎实的美术功底。

好多次晚上走在安福路或在华山路上等公交车回家，看着梧桐树叶在路灯映射下光影斑驳的路面，想到他早年刻苦学习、勤奋钻研的足迹，每前进一步克服艰难险阻的精神，让我受益终身。有次巧遇来探望他的郑先生，相谈甚欢。等客人走后，他对我说：这位郑先生是我二十年代初学时的老师郑崇兰先生的公子；我在"天一"公司当学徒，外国师傅只给干杂活，便白天观察拍摄手法，趁深夜凌晨摄影机不用时，拿着废弃片头苦练技术，那时郑崇兰先生私下指导我学习，从此我就尊称其为老师。

那些年，中外老片都以"内部观摩"名目放映，"阿公"常把票给我，有时着我陪他去看。有回看完英国影片《简·爱》走出放映厅，他兴奋地对我说，摄影师水平高！色彩调子呈现和谐美感，每个镜头好像一幅幅精致油画，创造出使人着迷、令人难忘的场景；而现在有些影片过于鲜艳。我感到他对英美电影的摄影用光、取景角度和画面结构很有研究，他说，年轻时常到大光明影院看文艺片，大多是美国片，出色的要看上三四遍。当时要把主角拍得漂亮，讲究修饰光，就强记在脑子里，再在拍片时摸索。我也看他从前拍摄的影片，看后去请教，他总是笑眯眯地说说过程、讲讲趣事。大约与《桃李劫》（1934 年）有缘，我两次得票"内部观摩"，他说，此前拍摄近三十部影片，已逐步刻意在表现手法上趋向现实主义创作，可毕竟尚属作坊摄制模式。当应邀拍摄"电通"首部影片《桃李劫》时，在艺术形式上大胆探索，拍了半年多，而补拍时更用功，又耗时三个月。1935 年在"艺华"公司拍摄《逃亡》，他提议改变棚内拟景而到塞北实景拍摄，将角色置于自然场景中营造故事情节及角色内心的风云变幻。可他说的这部得意之作，我至今都没看过，可为恨事。

　　我一般在休息日去"阿公"家，吃过午饭出发，要换三趟车到华山路武康路站下，拐进安福路，有时先上吴越君家报到，这样起码将近两个小时。此时"阿公"恰好午休起来，而一坐又要两个小时，已是晚饭时分，"阿婆"都留我吃饭："路嘎远，来一趟弗容易，吃夜饭时还可讲闲话。"有回，"阿公"聊到曾于吴淞看外景时在老街合兴馆午餐，对菜肴价廉物美赞不绝口。这么大老远，两位老人难以再往品尝，我即起意，到下个周日早上，拎着装有铝锅饭盒的塑料旅行袋，乘车赶到这家饭馆，经与服务员商量十点半让我提前点菜，红烧鲥鱼是招牌菜么，响油鳝糊、草头圈子、蒸扣三丝都是梆梆响的名菜，等菜上齐装妥，旋即赶去。这餐夜饭，二老惊喜之余，坚持要与我算账；我也自负干了一件讨好活儿。那晚，"阿公"兴致勃勃地回忆早年跑龙套，还正儿八经地在影片《义妖白蛇传》（1926 年）中饰鹤童、《仕林祭塔》（1927 年）中饰许仕林，讲了表演门道儿，我听得很是高兴。请益既久，我觉得"阿公"性格极好，谦和稳健，虚怀若谷，遇到尴尬人事总是笑笑而过。有回偶然笑谈旧事，从前"天一"公司使用的收音机是请他仿造的，老板言明付一千元，可拖拉没付。后来"艺华"老板急于邀他加入，拍胸说"这一千元我来付"；一直到他离开"艺华"还迟迟不付，无奈一笑了之。有时，我会想到他的豁达，在他的电影生涯里辗转太多的摄制组，尤为自律，总是把成绩归功于大家。

初去请教时，他刚"归队"，1978年春末，他在五号棚复出拍摄歌剧片《江姐》，十分动情，对我说掌机时，常想起两位老友应云卫、罗静予在"文革"中惨死，很珍惜重新站在摄影机旁。这年初冬一个北风呼啸的下午，他带我去厂里看这部新片试映，放映室内编导演员荟萃一堂，他带着我坐最后排，放映前导演黄祖模硬拉他到前排入座，并带领鼓掌表示敬意。那正是我年少易兴奋期，一周后去见"阿公"时，仍沉浸激动之中。他一如往常和风细雨般地说，拍电影要注意合作，不能骄傲；又强调说，为人处世不能骄傲，摄影创作更不该骄傲。前句我很能接受，后句有点困惑，因另有说法：做人不可骄傲，而艺术创作要张扬、有霸气。至今记得，就是那次他用极为欣赏的口气，谈及日本小津安二郎那种平和的拍摄手法，其镜头感处处显现谦逊格调。这是我第一次听说小津的大名，约过二三年后我才观看到其作，确实不同凡响。再过若干年我方有点觉悟出"阿公"此语的意味，是深长的。

我在福州路上海书店二楼"内部购书"处，买到《故事片的摄影创作》（吴蔚云、钱江等著，中国电影出版社1959年）；又在南京西路江宁路拐角那爿书店购得《电影摄影》（吴蔚云等著，中国电影出版社1958年），我都兴冲冲地拿去给他看，他说是年轻人帮助记录整理的，先是登在《电影技术》杂志上。读了他娓娓道来的论文无不散发其平实的口吻。他还借我《世界电影动态》，嘱我看看，并把从前拍摄影片所运用艺术技巧、表现手法的实例，详细分析讲解给我听。随着对他的艺术观与作品的了解，感悟其善于细节性造型，布光考究，取景规整，镜头深沉舒展有节奏感的写实风格。起初我拿着习作去请教，他常常指出我生硬造作的毛病。如今想来，我在人物摄影造型表现方法上，尤其用光、影调、构图的技法，确实师从此出。

他重返影坛拍片，仍不忘扶持推重年轻摄影师，几次提出不在片头挂"摄影顾问"。当时，他年逾古稀，在现场精力充沛，我去参观发现他有一种休息的特殊本领。每段镜头开拍前与大伙商定光位、机位和镜头运动，开机时就瞌睡，摄影机一停下，他又精神抖擞做布置。那回拍摄《于无声处》（1979年），他老先生打盹，我跟着摄影师看拍摄，突然有人厉声问我哪里来的，正当窘极，他立刻睁开眼睛、吴侬软语："伊是我学生子。"我暗自得意，"阿公"可是"我国电影摄影三大家（吴印咸、吴蔚云、黄绍芬）"之一呵。不久，南京西路上海照相馆橱窗里陈列"阿公"大特写肖像，我路过附近就去欣赏。到了暑热时节，我和几位同学在新华影院看完电影穿了马路，走过橱窗前没敢介绍。时已七八点钟，一起到王家沙饮食店吃冷面、绿豆刨冰、喝冰镇啤酒。食毕壮胆，请同学们返回欣赏"阿公"的大特写，不顾羞愧道：这是我的老师。事后想想，仅仅"请教"而已，哪有资格当"学生"呢。

1982年，"阿公"应邀指导影片《月到中秋》的摄影，我请假一周跑到南京，往返都乘夜车，这样整整七天都到片场观看，他忙里偷闲按分镜头本给我讲解。每天拍摄持续到晚上，严恭导演请他先回，他不愿提前收工。很晚用餐时，食堂饭菜都凉了，他不愿给摄制组添麻烦，可私下跟我说，一吃冷食胃就受不了，难以入睡；这是在东北电影厂时落下病根。我想了想提议，等我回上海就去看望"阿婆"，她肯定冷清，如她想来南京玩，再买个电热杯，晚上下热乎乎的面条给你吃。他当即说好主意。我回到上海照办，买好火车票并送她到北站上火车，又打长途电话，请托摄制组派车接站。

1983年秋间，他赴京住在八一厂招待所。碰巧我也去，抵京在工程兵大院住下就打电话，他安排满满的。可第三天晚上，"阿公"来电说后天返沪，让我明晚到他那里聚餐，都是他的老熟人。我按时赶到，客人已在聊天。"阿公"向我介绍影界前辈杨霁明，还有朱今明、钱筱璋、钱江，都是影坛"顶梁柱"。随即到餐厅入席，几位老先生对"阿公"以师礼尊之，我见了很感动。原来"阿公"早在四十年代身为摄影主任，就是出了名的甘当"绿叶"，总把年轻有为的摄影师推前执机，片头也只能挂名摄影"合作"指导"或"顾问"。朱老（今明）说进入影坛就师从吴老，1947年合拍《遥远的爱》，吴老又推荐执机《一江春水向东流》；钱筱璋先生说他也在"明星"受到头号摄影师吴老指教，去武汉、香港都一路得到帮助；钱江先生多是倾听，也忍不住说了些吴老辅导他的事情。

那时在香港摄制《孤岛天堂》（1939年），"阿公"任摄影，钱筱璋先生任剪辑，钱江先生任录音助理，他姐夫罗静予担纲制片人和技术主任，姐姐黎莉莉饰演主角。钱江先生说他姐姐原也要来看望吴老，不巧感冒。"阿公"细声慢语说："拍《热血忠魂》（1938年）黎莉莉就是主角，到了《孤岛天堂》她怀孕还坚持下来，我开玩笑说，戏拍完，儿子也有了，真好！"饭桌上大家相视而笑，遂聊起这个孩子"罗抗生"，我听了暗暗吃惊，岂不是大名家罗丹先生呢，《原野》、《一盘没有下完的棋》都是其摄影杰作。我忝陪末座感受到前辈们在电影创作生涯中结下的深厚情谊。

有件不无赧颜的事，1978年我悄悄地报考北京电影学院摄影系，在名落孙山后才告诉"阿公"。那次进入复试有个考试课目，在淮海路电影局放映室观看钱江任副导演并摄影的《海霞》，随即写篇影评。眼下竟能与钱老同席，真有点恍如梦境；不料"阿公"却在饭桌上提起我这一幻灭理想，介绍说杨霁明当过北京电影学院教务长，朱今明是摄影系主任，黎莉莉是表演系教授。后来我又去北京，"阿公"叫"阿婆"买了一斤老大昌饼干，让我代为看望黎莉莉教授。当时饼干都装纸袋，我生怕放在帆布旅行袋里压碎，用放大纸盒做了硬盒子存放。在京时特地去西总布胡同，可惜没碰上，只得把饼干请院里人转交。

现在想来，我都应该为他们拍摄肖像呀！1989年冬，我在北京听中国青年报程铁良君说，朱今明先生突发心脏病离世。回想那次见到朱老是多么壮实呀；又听"阿公"讲过，钱江先生患了冠心病，我想到他高高英俊的样子，觉得都为事业而心力交瘁，更不敢打扰。我倒是专门为"阿公"拍过肖像，"阿婆"还梳妆打扮一番，使用的是小型外拍机和人像专业胶片。翌日晚上冲洗时，因心绪不宁招致胶片不慎露光。如此低级出错，一个月都不敢去见"阿公""阿婆"。后来硬着头皮去了，二老居然不提此事，就这样被我蒙混过关。可我再不敢为他俩拍照，至今愧恨不已。其实二老从未疾言厉色，如当时勇于认错，说不定还可重拍。

1980年代后期，我渐渐地少去向他老人家请教了。究其原因，"阿公"曾商请张元民老师借调我到上影厂摄制组，没得到单位放行；接着向老同事严恭导演推荐我去南影厂，未获双亲允许。由此，我有志于电影摄影的高涨热情仅剩挫败感了，而经受这番磨砺，我开始晓得应该怎样切实树立业余之专业，即全力投入到纪实摄影专题的拍摄，业余时间"轧马路""穿弄堂"，晚上泡在暗房洗印。而我内心确实感到向"阿公"请教的十来年，对我的摄影经历和为学处世都受用不尽。

求教琐记之二

就在向"阿公"求教后不久，我又获得拜师良机。我学画的老师林毓伦先生在市园林局任职，得知我喜欢上摄影，便请下放到虹口公园的摄影前辈康正平先生（1913年—1996年）指导我学摄影。初次拜师约在人民公园，林老师和康老正在筹办上海市菊花展览，我跟着林老师各自推着自行车进了公园大门，在布展现场见到身材魁梧的康老，灰发寸头，南汇口音，他和蔼可亲地说，以后找他上午去虹口公园；下午可去午浦路《民主与法制》杂志，他在那里帮忙；晚上就到武昌路家里。

想当年上海每逢秋高气爽，公园举办的菊展盛况空前，康老拍摄的名贵菊花组照陈列在各大公园的橱窗里。我也跃跃欲试拍摄菊花，还拍斗蟋蟀，拿着照片去讨教。康老指点三五后，看着照片思忖良久，说他从前也拍过这类题材，发表在画报上，手头无存，否则可给我看。听康老意思，我的拍摄明显有问题，最好是先观摩他的作品，让我能有点自省解悟。当时我已常去徐家汇藏书楼翻阅旧报旧刊，一回看到林语堂主编的《人间世》，每期都整页刊登文艺家肖像，让我感到新奇。因此，当即表示可去查阅他的作品，康老喜出望外地说了当年发表其作品的几种刊名、使用的笔名，我都记下了。最近翻看当时记录本，经过一段时间查找，除他供职的"良友"外，在"中华"、"中艺"、"今日"、"东风"、"青年"等十几种画报上，以及《京沪周刊》《民众周刊》《创导》《大众》《光化日报》上都刊有其作，我还找到他的《秋天的英雄》《秋菊多佳色》(《艺文画报》1946年第4期)、《菊瘦蟹肥》(《寰球》1946年第14期)并翻拍给他，着实使康老高兴，我也渐渐地对拍摄这类作品得到领悟。

当然，最使我看重的是他拍摄的历史影像：《日本向我投降在京签字》(《上海图画新闻》1945年第2期)、《北平日军缴械》(《天津民国日报画刊》1945年第3期)、《胜利号角声中瞻望政治协商会议之重开》(《生活》1946年第1期)、《公审日本侵华第一号战犯》(《寰球》1948年第35期)。我很惊讶，原来康老是赫赫有名的摄影记者，在旧报上还见到同行昵称他"康胖"。他跟我讲述许多在新闻界供职的往事，1940年代下半期他主要以《良友画报》记者的身份采访。某天下午我随意跑去《民主与法制》杂志社办公室找他，不巧没见到。当晚我又去他家里，他乐呵呵地说在《民主与法制》是义务性质的，是想恢复记者专业，外出采访有个身份，还可报销胶卷费用并在那里建了冲印暗房。

康老告诉我，他很喜欢在画报上发表摄影作品，版面宽裕，图文并茂，比报纸印得清晰。这一偏好，在一定程度上影响了我。从前画报上大都整版或跨页刊登他的成组作品，在我小本上查阅的记录有《十四年苦难东北人民的牢笼》(《联合画报》1946年第169、170期合刊)、《疮痍满目话沈阳》(《生活》1946年第4期)、《战云笼罩下的张家口》(《寰球》1946年第12期)，这些组照均以多角度、多侧面来作详尽的深度报道。我反复琢磨他的专题摄影，咀嚼体会，启发我对摄影重新认识。按最初浅陋见闻，除新闻摄影，就是以晨曦晚霞的山水风光、赏心悦目的花鸟鱼虫为题材的闲情逸致"沙龙趣味"的摄影。我开始模仿康老的摄影视角，专注于记录社会发展现状之题材，用镜头聚焦在石库门房内的延中儿童寄托所、弄堂深处全国最早的张家宅工疗站、简陋旧房里的中国大陆首家南汇关怀护理院、供养伤残军人和英模烈属疗养院。我会想起康老抗战胜利前后，从东南到华北再赴东北，进行摄影采访的情形。我试图学着以赋予责任感的镜头去观察、去发现，用情感的快门凝固与命运搏斗的影像，胶片不可遏制地卷动组合形成人道关怀摄影专题，期待唤起社会关注、群众关爱，如能惊醒肥马轻裘者的麻木神经，亦为善事。

在《寰球》上还有组照《美国货源源而来》（1946年第12期）、《改革币制发行金圆券》（1948年第35期），在我，无疑又为典范。那些年，上海金融恰好进入特定发展期，百姓投资意识如梦初醒，各类行情载着极其诱人的难以置信的获利率，我开始用照相机追随迅猛变革的步伐。当我把拍摄的照片拿去请教，康老又是不置可否，亦无鼓励，最后说了一句：都是拍排队和拥挤的营业厅，没啥意思。在快快而回的路上，我忽然想起战地摄影家罗伯特·卡帕的教导："如果你的照片拍得不够好，那是因为离炮火不够近。"康老的意思与大师的话如出一辙，教导我最大限度地近距离目击：上银行存款能获紧俏的彩电购买券，市民通宵达旦排队的兴奋神情；债券兑付日，银行柜台前闪现的激动神态；外汇调剂中心交易员坐着简易折椅，紧张地靠笔纸记价、电话报价，折射双重汇率下外汇体制改革艰难起步；沪上银行在全国率先推出国库券买入卖出，营业厅木制挂牌品种寥寥无几的行情表，却显示了上海迈向全国证券交易中心的第一步。凡此，形成了我的"上海金融潮"摄影专题。

1981年冬天，虹口公园要欢送康老"光荣退休"，他提前嘱我为他全程摄影留念。当日天气暖洋洋的，早上先到虹口公园集合，在会议室举行欢送座谈会，有香瓜子、长生果和鲜桔汽水招待。欢声笑语中，我才了解他是从《文汇报》被下放郊区农村劳动，后参加筹办上海农业展览馆，再被安排到虹口公园做照相工作。公园主任给他戴上大红花，颁发装在镜框里的"光荣退休"证状，然后由我拍了好多合影照。随即请康老坐上东风牌客货车驾驶室前排右位，几位职工组成的锣鼓队站在载货后厢敲锣打鼓，沿着四川北路往他家慢慢行进，我骑着自行车或前或后追逐拍摄。过了几天，我把洗印好的照片送去，康老把照片摊放在饭桌上，反复看着，满脸喜滋滋很享受的样子，轻声说他的"历史问题"全部解决了，所以能得到这样的退休工人规格的待遇。他退休后，仍然早出晚归忙于各种摄影活动，我当时见闻他的种种事情，久之便领教在他身上不论遇到如何挫折，却始终洋溢着热心，从中体会出他百折不挠的生活态度，对我产生莫大的榜样作用。

有一段时期，我干脆三天两头一下班就去康老家玩。晚饭后，他的孙儿回自己家，孙女在一旁做功课；等康师母收拾碗筷、擦净饭桌后，他就从大纸盒内取出发还的底片照片，摆放在饭桌上整理，把底片装入专用纸袋编号，注明拍摄年份。很多泛黄照片，他视若宝贝，跟我说，最好能夹存影集内。当时买一本大号影集就会觉得价贵，何况眼瞅着十来本影集还不够。我用了一个办法，向照相馆做洗印的好友求得许多大张黑卡纸，自制相册数本。康老采访了很多的名人要人，二十世纪四十年代各界风云人物集聚在他的镜头里，应有尽有。我尤其喜欢看他拍摄的文艺家茅盾、张大千、溥心畬、梅兰芳等的相片，他拍的齐白石大半身像，我觉得相比先前我很喜欢的郑景康先生作品《齐白石》，格调不同，更有亲近感。他也会顺便讲些从前的采访经过，他早听同行讲起 1930 年代中期，郑景康为齐老拍了一卷 120 胶卷（6×6cm 12 张），齐老送《虾趣图》；周维善为齐老画肖像，齐老赠《东方朔偷桃》。几天后齐白石却在客厅写了"双方不合算"，言下之意不愿再应酬照相画像之事。而康老排除困难并顺利拍摄的经历，使我在潜移默化中提升了采访能力。数年后，当我在为文坛学界前辈摄影途中遇挫受阻时，就会想起康老经溥心畬介绍到北平青龙桥拍摄沦陷时拒不出演、避居城外诵经明志的程砚秋的采访往事。当时他还请程砚秋题词，弥足珍贵。后来我也效法，每每为前辈摄影后，只要有可能，都恳请题词。

有次翻到几张 1943 年蔡龙云先生作为年龄最小选手参加中外武术对抗赛，击败俄国拳师马索洛夫的照片。康老津津乐道地回忆次日各报都刊登他拍摄的照片、市民争相购报的情况。我正处尚武年龄，也算小半个"功夫"爱好者，便央求他带我去拜见这位鼎鼎大名的李小龙的偶像"神拳大龙"，想不到康老没几天就打电话联系好了，带我跑到江湾五角场上海体育学院武术教研组办公室，终于见到心目中的英雄豪杰蔡龙云教授。我坐在一旁听他俩叙旧，1946年"神拳大龙"又打败美国重量级拳师鲁赛尔，也是由康老拍摄留下珍贵照片。随后来到大操场上拍摄蔡教授练武，整整一套拳术，一招一式，看得我热血沸腾。大约过了一二年后，我还想去为"神拳大龙"摄影，康老告诉我，蔡教授奉调北京在国家体委任职，数年后我偶然得知蔡教授长子与我同在一家银行上班，貌相逼肖其父而又低调，银行里很多人并不知其名门事迹，而我知道，自感好像有那么一点点缘分。

有了这样的第一次，康老又带我去田桓、陈秋草、沈迈士等老人家里摄影。一次在刘海粟老人家里，海老讲，过几天要去上海美术馆参加画展开幕式，其中有两幅张大千画作。出门后康老对我说，这应该是张大千作品在1949年后首次于大陆公开展出。到了开幕那天，他带我去拍摄了海老观看张大千作品的情景，并说这是"海峡两岸画家骨肉情的历史性瞬间"。康老与当年上海家喻户晓的长寿书法家苏局仙老人是南汇同乡，传闻1982年元旦要隆重举办"苏局仙百岁大庆书法展览"，康老提前数日带着我乘坐长途汽车到周浦牛桥村苏府"抢拍新闻"。这些采访经历丰富了我的摄影思维方式，我之所以能够致力于"二十世纪中国文化名家肖像"摄影专题，当然受到康老的不断熏染；而我的这一摄影取材倾向，大约早在那时就渐渐萌发了。

最初是康老借给我几册新华社摄影部编的《摄影技术参考资料》，不久改名为《摄影参考资料》(凭单位介绍信订阅)。还借我很多中国港台地区和新加坡、日本的摄影刊物，在他推荐刊物的启蒙下，从所见有限的作品，我开始接触到亚当斯、卡希、纽曼、哈尔斯曼的作品，在人物、纪实摄影的技法方面，算是大大开了眼界；后来能看到更多的，当推布列松、威士顿、曼·瑞、比索夫、史密斯的作品。再后来就酷爱寇德卡、萨尔加多的作品，显然是题外后话。

1980 年代后期，我所供职银行办的期刊已是"公开发行"的刊物，为使期刊图文并茂，我操办了两次新闻摄影比赛、展览和新闻摄影研讨会，积极推进摄影报道在期刊上使用。这样，我去向康老求教也就明显少了。倏忽间很快跨入 1990 年代，骇世惊俗的股票狂潮给上海带来强劲急浪，外白渡桥下拐角日夜排着长队开办股东账户卡，只要买进股票就赚钱，不知有多少生活在狭小空间、精打细算、处处小心翼翼的居民，再也按捺不住投入股海。我拿起"尼康 F3"也跟着扑进汹涌股海。

有天突然听说康老寓所已在动迁，我立即抽出一个上午想去帮忙，一大早骑着自行车赶到武昌路，沿街那排楼已成废墟。失望之余掏出照相机，快门闪动或许触动我察觉大都市变迁的另一面，推土机铲翻都市村庄，伴随打桩机轰鸣声的是惜别的眼神，塔吊铁臂挥舞间是惆怅的神情；在满目拔地而起的高楼大厦的钢筋混凝土丛林里，在匆忙电梯、单调走道和紧闭铁门之下，看不到出门乘凉的老人，听不到孩童的喧闹嬉戏。从前康老定格的城市印象《黄浦江头看龙舟》(《春秋画报》1947 年第 8 期)、《几个有意义的纪念日》(《艺文画报》1947 年第 11 期)、《上海劳动阶级的露天娱乐》(《寰球》1947 年第 17 期)，在我的脑海里浮现，使我惭愧。于是寒暑晨昏，我沿着尚未动迁的路线，寻觅街坊邻里的情感，拍摄一幅幅质朴的世相图。

几经辗转打听，才得知康老寓所迁至国际电影院隔壁后弄堂内。一个午后，我按门牌号找到叩门，未有回音，遂敲旁边窗户，不久康老应声开门，相见喜甚，原来他尚在午睡。进门灶披间，再入客堂间，被分隔前后两间。他说，还另分了一套在附近；幸亏市文史馆王馆长亲自出马沟通，否则要搬迁很远。寒暄一过，我看他一人在家，正要问康师母，他神情黯然地指指墙上供着师母照像，我大惊，竟拙于辞令，默然久久。康老从桌上几本相册谈及手头还有曾藏于南汇乡下的底片照片，亟待整理。说了一阵，我自惭实在爱莫能助，怎么办呢，只得讪讪起身。康老陪我走出暗暗的弄堂才握手作别，当我走过嘈杂的海宁路挤入闹猛的四川北路，夕阳斜射，一下子感到有些晕眩。

虽然，康老早在 1940 年代两次在上海、1950 年在香港举办过摄影展，我在旧报上看到评论称赞其作。记得在 1985 年间，他兴奋地告诉我，刘海粟为他题写了"康正平摄影历史资料展览"，为啥要加上"历史资料"呢，是与他的斋号"集古摄今斋"相呼应——摄影作品能成为史料。可是，不仅这一摄影展的计划落空了，而他摄影生涯六十年的作品至今也没有整体出版，好多了解人士说康老拍摄的照片具有相当历史价值，我以为特别是 1940 年代的，包括 1950 年代初期的。那么，既有价值，那就有待整理、编集和研究。怎么办呢……

又去探望康老，那回他兴奋地告诉我，市文史馆沈飞德先生专门采访他，请他回忆从前的摄影采访经历。我真为他老人家感到高兴，脱口而出：这是"口述历史"。后来听说他入住养老院了，再后来听说他患了脑病……我至今仍在想，康老虽有随遇而安的处世性格，但他对摄影事业始终不离不弃、锲而不舍；一旦离开心爱的摄影，就会很寂寞的。

阅读生活忆往

1970 年代末至 1980 年代初，我由耽好闲情逸致的"沙龙趣味"摄影逐步转向人文性的"纪实摄影"，业余忙于四处奔走，仿佛"行万里路"那般样子，自然也心生"读万卷书"的想法，好像那年头的时髦，凡事讲究"配套"。看似调侃，可我常去沪上几位老先生家里玩，都嘱咐我"多读书"，耳濡目染，不知不觉中读书劲头越加膨胀。每天下班如不去暗室冲印，就乘公交车去图书馆看书，读了好多本 1950 年代出版的电影摄影以及摄影构图、用光方面的书籍，有几种是翻译前苏联专家的相关教材。

有一回，在卢湾区图书馆翻检目录卡片，突然看到《景康摄影集》(上海人民美术出版社 1958 年)，赶紧填写借阅，如获珍本，又连续好几天一下班就去赏读。因已听摄影界老先生谈及此集曾遭禁，以为再也看不到了。当年甫一出版，郑景康先生送给康生，康生竟然"批语"："编得十分草率，甚至可以说在政治上有错误的。"随即打成"禁书"，郑先生和出版社被迫检讨。集内收录很多人物肖像，瞩览的有吴玉章、林伯渠、欧阳予倩、郭沫若、梅兰芳、萧三、倪贻德、冯乃超、张正宇、华罗庚、金山等，皆以特写为主，构图饱满突出，用光技巧精湛，眼神光尤为传神，为我的摄影练习树立范例。集内还有张仃、新凤霞的肖像，当时做梦都不会想到，许多年后我竟能也步前辈后尘有缘为他们摄影。

在上海图书馆还读过郑先生《摄影创作初步》(上海人民美术出版社1961 年)，书里阐述的摄影观对我颇有指导意义。2017 年 4 月 21 日我在上海图书馆《创造者·二十世纪中国文化名家肖像——沈建中摄影作品捐赠展》开幕式上致"答谢词"说：

624

> "上海图书馆是我的业余学校，仔细算一算，从南京西路旧馆、徐家汇藏书楼，直到现在的新馆，我在这所学校上学已有整整四十个年头了，至今仍然在读。这所学校的阅览室对我来说，是'取之不尽、用之不竭'的知识宝库；我再盘算一番，迄今为止，我的所有学术研究成果都来源于我的这所学校。记得卅多年前，就在南京西路旧馆的阅览室里，一位位文坛学界前辈的著作进入我的阅读视线，使我产生拍摄这项专题的最初构思；每逢盛夏隆冬那些不适合拜访老人的日子，我便在阅览室做拍摄所需的案头工作；后来为撰写前辈们的成就小传，又是在阅览室查得大量资料。所以，今天并不是'捐赠'，而是在这温馨的课堂里，满怀感恩之情，郑重地向我的学校交上一份小小的'作业'。"

我几乎每个月总要到报刊门市部二三次，先去四川北路桥下这家，规模、供应量全市最大，像紧俏的《当代》、《十月》、《小说月报》、《世界文学》在那里都能买到。再过桥走到福州路近山东路口那家，会供应一些少见的我喜欢的报刊，像《外国文艺》、《电影艺术译丛》、《外国电影剧本丛刊》，还买到《音乐爱好者》(1979 年创刊号)，里面夹页一幅贝多芬像，是上海美术学校教师赖礼庠画的素描，技法高超，我把它放在写字桌玻璃板下，随时面对学习，试着摹仿那样的影调风格来实习拍摄肖像。

《美术》杂志每期必购，太爱看了。当时刊登的青年画家作品，像一股强大的新兴思潮涌动、创作热流奔腾，我深受这股力量的鼓舞，从摄影题材、表现技巧全方位仿效罗中立油画《我的父亲》（1981 年第 1 期），同期孙鹤《神圣的职责》（宣传画）也吸引我模仿，我拍摄护士特写，画面大半部充满口罩，只剩一双大眼睛、左下角是手持针筒。这期还有几幅油画：王川《再见吧！小路》，程丛林《一九七八年夏夜——身旁，我感到民族在渴望》，周世林、马园《路障》，无论立意与构图都对我的摄影有着示范。

625

最近翻检重温《美术》上的"创作谈"，王克平《问答》（1981 年第 1 期）仅十来行字，钟鸣《从画萨特说起——谈绘画中的自我表现》（1981 年第 2 期）、何多苓《关于〈春风已经苏醒〉的通信》（1982 年第 4 期）诸篇，当年我都是满怀兴趣阅读，文中洋溢的激情与见解，成为激发我创作的动力与指引。冯国东《一个扫地工的梦——〈自在者〉》（1981 年第 2 期）写道："我曾产生过调工作的念头，由于没有文凭，我失败了。愿帮忙的好心人终因没权势而爱莫能助……买不起油画颜料就变卖东西，没画布就用衣服、裤子、床单等代替。"最后说"为了画画请假和旷工太多，我将被工厂解雇，从此，我可以不必去为'笤帚'和'画笔'不能统一的难题再去伤脑筋了，但，我得另谋生路"。对像我这样的业余摄影爱好者来说，为其遭遇沉痛；但他为艺术而坚韧不拔的热烈追求，读了令我心潮澎湃。

凡周日都要去新华书店，上班就经常利用午餐时间访书，有回花了十三元（相当半个月工资）买了一套精装本《斯坦尼斯拉夫斯基全集》（中国电影出版社 1979 年），喜笑颜开地抱着书回办公室，颇有当时一种"万元户"的感觉。印象最深的是 1981 年上海书市，以及南京东路新华书店开设"文史哲专柜"，犹如饿汉撞上大餐，大快朵颐。虽说多少有点"广泛涉猎"，可很多中外文学经典，在我毕竟是皮相之读。而当时出版外国美术介绍的普及读物，都是薄薄一册，印制虽差，却让我进入"大观园"似的，知道了丢勒、米开朗基罗、拉斐尔、鲁本斯、伦勃朗、罗丹、列宾。我从这些大师画作里，学习人物造型的明暗光影、空间透视和色彩调子等表现技巧，也在艺术思想上获得丰富滋养。我的朋友吴怀泽君常给我带来"新潮阅读"，他时任上海美术电影厂绘景设计，在我眼中可是身处艺术前沿，当我正读着冯伊湄回忆丈夫司徒乔的《未完成的画》（人民文学出版社1978年），还在入迷《门采尔素描》（人民美术出版社1977年）时，他向我推荐好看的毛姆《月亮与六便士》（外国文学出版社1981年），又推荐热销的《美术丛刊》第18期（上海人民美术出版社1982年）介绍康定斯基其人其作。每次与他见面聊天时，皆信服他供给的阅读信息。

从那时起便养成夜读以及见缝插针的阅读习惯，阅读量随之积少成多，书亦越买越多，买到人民美术出版社的戴勉编译《达芬奇论绘画》（1979年）、宗白华译瓦尔特·赫斯编著《欧洲现代画派画论选》（1983年）；读了人民文学出版社朱光潜译爱克曼辑录《歌德谈话录》（1978年）、莱辛著《拉奥孔》（1979年）、罗大冈译拉法格著《文论集》（1979年）；也读过人民音乐出版社《李斯特论肖邦》（1979年）；还买了《西方美学家论美和美感》（商务印书馆1980年）、伍蠡甫、林骧华编《现代西方文论选》（上海译文出版社1983年）。后来很多"丛书本"也吸引我，如"美学译文丛书"（李泽厚主编）、"二十世纪西方哲学译丛"（上海译文出版社）、"二十世纪西方美术理论译丛"（上海人民美术出版社）、"文化生活译丛"（三联书店）、"世界贤哲名著选译·猫头鹰文库"（三联书店上海分店），类似一大批书籍都使我得到教育，在创作理念、艺术鉴赏诸方面受到启蒙。如今这批书依然抖擞地立在屋里的书架上，最近取下这部分书，边轻轻掸尘、翻阅、回味，顿生亲切之心。

西方文论画论极大地影响了我的摄影价值观，我企图借鉴西方美术造型方法致力于人物摄影，拍摄许多摹仿之作，如《入神》、《凝思》、《悲怆》、《蒲公英》，不免跃跃欲试投稿，大都没能入选获奖。我发现这些作品过分讲究情调，有点倾向纯艺术，与当时取稿标准格格不入。可我难以免俗，立即转移拍摄题材，没多久，一幅拍摄炼钢工人的《小憩》，另一幅拍摄郊县老农的《农家乐》，入选 1980 年上海市人像摄影展览，还被报刊转载。从此，我拍摄工农兵人物屡投屡中，有一幅《老支书》在上海市工人摄影展获得一等奖，又获全国铜牌奖。获奖高热未退，内心却仍向往走一条独自路径，恰巧取稿风向略有转变，于是接连拍摄《归侨老人》《力》《象牙海岸的村民》，都能入选。到了《阿拉伯船长》又得奖了，虽不是金奖，但那种充满西洋画意趣的拍法，至今追忆仍能诧异当时何来的创作勇气。

有次读到《四川青年画家谈创作》(《美术》1981 年第 1 期)，末篇是谢军谈青年美展不让其作《幽灵狂想曲》(油画) 参展，看了好多遍："我喜爱强悍的艺术，最喜爱贝多芬的《第五交响曲》。我相信悲惨的命运在每个人头脑中都会反映出来，这种痛苦、压抑、冷漠荒诞的感情应该发泄出来……形象的荒诞证明了人生的荒诞。我借用超现实主义手法，这不是纯艺术形式的追求，我也绝不认为它是成功的，但起码真实，我要寄托自己的感情。"对热衷于投稿参赛、以入选获奖为摄影目标的我来说，是不小的冲击，足以使我汗颜，陷入反省，督促我从困惑中走了出来。

正值沉浸在西方美术时，巧遇丁绍光《西双版纳白描写生集》(云南人民出版社 1979 年)，集内人物形态隽永，我体会出一种东方艺术的亲和力，又读到李少文《读画杂感》(《美术》1981 年第 2 期)，开端感慨："每当我站在古代壁画面前，总在想，起初它是怎样一个面貌呢？翻开古代碑版的拓本，看着奇峻苍古的字迹，亦每自发问道：它原先是个什么样子呢？"以及其作《九歌图》(中国画) 的表现形式，无疑使我开拓摄影境界，启迪艺术构思，"心摹而手追之"，试图在摄影表现方法上寻求一种民俗趣味。另一篇袁运生《魂兮归来——西北之行感怀》(《美术》1982 年第 1 期) 我也诵读再三：

　　"作为一个现代人，我徘徊在霍去病将军墓前石刻馆，抚今追昔，无限感怀。二千多年前，古代的雕刻大师对于一件雕刻作品的空间处理，有着多么精湛的专业知识啊！要具有怎样的艺术想象力和自由处理大块石料的魄力，才能创造出这样一组手法多样又高度和谐并有着震撼人心力量的艺术精品呢？""我常以激动的心情想起敦煌、麦积山、龙门，尤其是想起北魏艺术。这几处石窟，藏有最丰富的北魏和唐的原作，最令人感怀的莫过于北魏的塑与刻和北魏的壁画了。魏塑给予我特殊的亲近感。虽然唐塑更写实，似乎也更有技巧，更富于生活气息。有时，在一件好的唐塑面前，我赞叹其风采，威武的力士、婀娜的菩萨，刻划入神，鬼斧神工。而魏塑总以其特殊的造型意识勾画它那原不惊人的形态，既不富丽也不堂皇，但观之良久，总是将我吸引到它的精神世界里去。"

628

读来很受感染，现在忆念仍感当年阅读的深沉与诗意。而后我按图索骥地前往参观，所收获的历史感、艺术感，对我的摄影理想与追求具有重要意义。同时，因为对东方造型艺术的学习兴趣，遂有意识地接触古代人物画像刻本，魏绍昌先生带我到愚园路顾炳鑫先生府上欣赏他收藏的明清版画刻本，也听了魏老正为顾老收藏的陈洪绶《博古叶子》谋划印行的谈论。还在上海图书馆陆续看到《凌烟阁功臣图》、《东轩吟社画像》、《吴郡名贤图传赞》、《练川名人画像》、《清代学者象传合集》诸本，明清绣像的造型手法对我很有吸引力，并期望阅读古代文论来获得艺术养料，从中追寻传统艺术的精神，力求拍摄出形神兼备的人物作品。不久后，我在扬州大明寺殿前拍摄作品《拂尘》，以为是在实践"寓人物精神于形象结构，蓄肖像意境于光影格调"的自我艺术理想，便寄往香港《摄影画报》投稿，居然获得银牌奖。

我还看了郑逸梅老人的许多书，从中得到了一些近现代文史掌故知识。他的《艺坛百影》(中州书画社 1982 年）写了百来位人物，对我来说如同读人物摄影集那样饶有兴趣。他在描写人物技巧上多有经验之谈，把写人物掌故喻为拍照，倘使一本正经用传记方式写，那就和端坐或挺立着照相差不多，形是有了，神犹欠缺；倒不如突出神，从动态中去表现，抓住人物片段活动及其艺术修养来写；构思时务须把被写者的风度神采及其内心活动，一点点渗入字句里，被写者才有骨干和血肉。郑老还谈及对于近百年来的人物更感兴趣，有的在前辈口角春风中略知梗概，有的亲自追随杖履，获聆清诲。这些所见所闻，应当尽快记叙；否则相关掌故泯灭，岂不可惜。郑老的话使我深感鞭策，推而及之，人物摄影又何尝不是如此。有段时间，我曾追逐夸张奇怪的摄影技巧，但很快由迷失而回归，大约与受过郑逸老"亲切有味"的审美观教育有关，也与吴蔚云、康正平老先生对我的教导不谋而合。

1980 年代后期，我在北京范用先生家里终于见到邓伟先生的《中国文化人影录》(三联书店香港分店 1986 年)，册内有他拍摄的七十八位文学艺术家的肖像，作为专题拍摄并出版专著，不由得欣羡，颇有一种向往之心。以我国人文摄影而言，邓伟于郑景康诸先生后继起，使得文坛前辈的形象得以留存、泽被后世。我虽有些不知天高地厚，觉得规模能更大则更好；但深深知道，这往往需要勇气、胆识。而在我，愧己无才，尚不敢作此想，可内心有些见猎心喜，不禁手痒，多少产生一点幻想。

我的"《读书》年代"

回忆当初立志拍摄"二十世纪中国文化名家肖像"专题的设想，一定要提到《读书》杂志。我想可以这么说，是因阅读该刊而催生，并且引导我做了一部分前期准备工作。起先是在福州路报刊门市部，我加入争购《读书》杂志创刊号队列里，听维持排队秩序的营业员说，这已是第二次进货。从此，我成为这本"以书为中心的思想文化评论刊物"的一名读者。最近我从书箧检出从创刊号始的实足廿年存本，每期都涉及文学、艺术、历史、哲学、经济诸种人文学科，用套近乎的话说，是我学习知识、增长见识、遵守常识和提高能力的教材，刊出的每篇随笔、札记、书评、书话，犹如我的一位位任课老师。这是很多年来自我求学情形，私意这样比喻不为过，是发自内心的。

常年阅读该刊，宛若我了解接触文坛学界的"平台"，又仿佛眼下流行"信息库"那般作用呢。虽有点夸张，但我看《读书》好像看各路"英雄好汉"纷纷登台亮相，阅读过程等于不断"拜见"被谈论的先贤前辈，以及老中青学者专家的写作者，从文章中多少能了解其专长、成就和思想。当年几位老辈的文章引起我关注：柯灵《促膝闲话锺书君》（1989 年第 3 期）、张中行《孙楷第先生》（1989 年第 4 期）和《俞平伯先生》（1989 年第 5 期）等，我隐约感觉这些文章可能会引导部分学者把研究视野与写作角度趋向近现代文化学术人物，起码可说"推波助澜"。就在这年第 7、8 期合刊上，赵萝蕤先生写了《怀念叶公超老师》，另有署名"兴钟"老先生写的《怪文人辜鸿铭》，很吸引我阅读；我还大感兴趣的是文学批评家吴方先生，此前在该刊上发表小说评论，这次写的却是《十步之内　揿其芬芳——关于梁实秋〈雅舍小品〉》，有点意外，转而猜想，大概因为纪念而作。

奇妙的是进入 1990 年代，我突然感到学界、学人及该刊部分作者相对注重研究近现代思想、学术和文化史上的人物，1990 年第 1 期有张中行《叶圣陶先生二三事》、唐湜《六十载遨游在诗的王国——说说卞之琳和他的诗》、陈来《默然而观冯友兰》，都好看；而吴方先生《夕阳山外山——读两本弘一大师传记追想》，对我来说，在见解、写法上皆为耳目一新的耐读文章。等好久方读到他的《山水·历史·人间——谈谈曹聚仁的"行记"和"世说"》（1990 年第 5 期）；再等，读到《白发书生寂寞心——与王国维的潜对话》（1990 年第 9 期）；还是等，读到了《晚成堂主人：史家顾颉刚〈古史辨〉遗响》（1991 年第 1 期）。若说张中行老人写的如《梁漱溟先生》（1991 年第 2 期），读了感到精深，那么读吴方先生文章便有另一番滋味，他以典雅洁净语言、夹叙夹议表述随感随想，行文略有颇具个性的微涩、略有非常独特的生硬，细读方能品味其"史眼"观之、精心营造的能触摸近现代文化史脉搏的思想境界。

近来翻阅，想起当年还注意到夏晓虹教授《才子、名士与魁儒——说王韬的"豪放"》，从此一发不可收，有《海外偏留文字缘——说黄遵宪的"真率"》（1990年第5期）、《心存救济利名轻——说郑观应的"恬淡"》（1990年第9期）等品论"旧年人物"性格行事。她原来发表大都有关近代文学研究论文，诸如近代"海外竹枝词"、拟情歌的新变、游仙诗。雷颐先生也写了"读《胡适研究丛录》"（1990年第6期）、"读《张奚若文集》"（1991年第6期）、"漫话丁文江"（1991年第9期）、"漫话张申府"（1992年第7期）。还有刘梦溪先生，早在1980年代前期发表过关于当前文艺批评的文章，后来却读到他的《"西中体用资循诱"——谈陈寅恪先生的文化态度》（1990年第10期）。

由此，渐渐地发现该刊作者研究专业和撰文内容取向的趋势变化，成了我选择"二十世纪中国文化名家肖像"作为摄影专题的直接催化剂。就在1990年秋间，寻访与二十世纪同行的文坛学界耆宿，竟成了我不无冲动的选择，一种执著以求的作业；我决心在业余全力以赴投入拍摄，并第一次利用年休假踏上专程采访的征途。然而，施蛰存老人最先得知我的这个志向后，给予我肯定、鼓励和帮助，可也甚为担心以我的个人能力，能否顺利完成这项工作。

1992年，当我读到吴方先生《斜阳系缆——漫谈历史中的俞平伯》（1992年第7期）没多久，我正在杭州为姜亮夫、沈文倬等老人摄影，临回时得闲与程德培兄在杭州"三联"访书，他确是"荐书高手"，指示我购读吴方先生"如矿出金"般结集的《世纪风铃——文化人素描》（人民文学出版社1992年），张中行先生"序"论绝妙："识见深，所述多是份量重的，而且有断有论；写得活，常常是鹰隼盘空之际来一些蜻蜓点水。"吴方先生说："这些人物并非'黄钟大吕'一类，在我想，即如簷间的铁马或曰风铃，风一动，也发出声音，虽然有些寂寞，也是可听的。"（《世纪风铃·后记》）我读这本书很是受用，常持自我感觉，凭借想象之拍摄来体验吴方先生笔下晚清民国学者文人。

差不多同时，该刊"读书小札"专栏上先后有葛兆光教授《钻他故纸，驴年去！》(1988年第11期)、《茶禅闲语》(1990年第5期)、《茶禅续语》(1991年第8期)，禅意诗趣间充溢智慧和性情，我感慨他读的书真多呀，概括言之涉及东西方思想史、文化史、宗教史，总是信手拈来，写得渊博缜密，可读来从容别致，行文纯净，我突然感到此前读过许多文论上的大道理，却被他三言两语讲清楚了；又感觉是所谓的"京派""海派"学风集大成者。我虽半通不通，却喜欢读，多少有些受教。

最使我难忘的，1992年第6期首篇的《吾侪所学关天意——读〈吴宓与陈寅恪〉》，写道"在书斋孤灯下，在考论文章中，我们便只见到两个孤独的学者的背影"，并影印"青年时代的吴宓与陈寅恪"；文末感慨"再读《吴宓与陈寅恪》一书时，我便在这字里行间读到了三个沉重的大字：'殉道者'"，观读良久，体会一种博学深思与深刻史识相融合的画面感，大感振奋，立马打电话到北京，请该刊吴彬君帮助介绍"为清华大学葛兆光老教授拍摄肖像"，她哈哈大笑：你不是都拍古稀老辈吗，葛兆光才四十出头呀。如今想来，不觉可笑。

接着就是《最是文人不自由》(1993年第5期)，也刊首篇，先睹为快。此文论述加在陈寅恪身上令人唏嘘的三重悲剧，"有人曾说，鲁迅是中国最痛苦的文人，那么我想，陈寅恪也许可以称作中国最痛苦的学人。学人比文人更不幸的是，学人的理性使那些痛苦压抑积存在心底而不得宣泄。""于是盘旋纠缠，欲哭无泪，欲语又止，化作晦涩深奥的诗句，在譬喻、典故、成语包裹了一重又一重的诗句中一滴一滴地向外渗露。不知为什么，读《陈寅恪诗集》时我想到的都是一个意象：啼血。"写得太痛楚了，不免联想陈寅恪先生说："凡一种文化值衰落之时，为此文化所化之人，必感苦痛。"(陈寅恪《王观堂先生挽词并序》)展卷夜读，这样的感触更深了。我甚至以为，这样的好文章，读一遍肯定不够，读三五遍尚可回味，何况应该就着酒来读，能在摄影时触发一种深沉厚重的拍摄感。

在读到兆光教授这几篇文章时，正处于这项专题拍摄最为困难的时期，我忽然感受周遭变化，那正是"BB呼机"横行的高潮期，有点像眼下地铁站内喇叭狂叫"上下楼梯请不要看手机"的景象。当衣食、居住、上学的生计，以及旅游、购车和置产的物欲，越来越关注金钱，灵魂和胸襟塞满需求变得拥挤狭隘时，看到他这样写道："要知道人文学科的历史命运就是这样乖蹇，在漫天流行的实用思潮下它很难有多少立足之地，对于急切期望效益的人们来说，人生终极意义的价值是多少？人格修养的用处是什么？文化精神早已抵挡不住实利的进攻，""人们早已用'知识'取代'智慧'，早已拿精神和灵魂在上帝的当铺里作抵押换回了现世的利益。"在那些举步维艰的拍摄日子里冷暖自知，而这一番理性辨析，强化自我批判的意念，使我得以心无旁骛地继续行进，有时竟到了忘却生计的地步，立刻"紧急减速"。

在为金融学界耆宿、中国人民银行总行参事室主任资耀华老人拍摄肖像时，我曾有回忆：

"资耀华先生腰板硬朗地端坐旧藤椅上，散发出独特的温厚谦恭的定力，活像身旁人们为他九五大寿赠送的瓷塑寿星。""我好奇地问他，家里为何没有装修？他说，我的生活已经比普通百姓优裕得多，这样既随意又节省。""我想起读到的一件旧事：在他出任上海银行天津分行经理时，陈光甫推举他当董事，而他身为总行调查部主任，仅有该行股票二十余股，离起码的200股相差太远而无资格，银行只得用特别费项下收进的股票中提出200股过户到他的名下（仍由银行保管），才被选为董事。""这次访问给我日益萎缩之精神带来了撞击，用震撼来形容一点亦不为过。直接影响了我的习惯。我虽在银行就业，但收入属下层，生怕被人刮目高看而闹出误会。所以工余在外活动不愿自称银行职员，仅以自己的岗位'刊物编辑'身份与人交往。就在那天当我准备与资先生道别之前，我如实向他'招供'，身为银行职员，上班干好本职工作，业余时间做些有益之事。着实让资先生惊讶了。至此，我再也不隐瞒自己的职业,一切坦然面对,并为自己连续居住十年的小屋而窃喜省下许多搬家装修所需银子,派了大用场。"

以上自我记录的境况,大体能反映兆光教授的文章使我得益甚夥,后来读到他的《运化细推知有味——关于三十年代佛教研究史的随想》(1994年第 7 期):"我们这一代人也许要关心或操心的太多,但这并不是要害,要害是,如果当职业已经沦为一种谋生手段而不是安身归宿,学术已经变成一种生活负担而不是生命需要……我们恐怕也不能指望这个时代里再现那种学术的辉煌。"对我甚有"励志"作用,能否这样说,我生正逢时,在二十世纪末期能为这样一大批杰出的、耄耋之年的前辈专家学者拍摄肖像,如此机遇,想来绝无仅有。

1994 年入冬,我正在北京采访,碰巧德培兄也在出差,临走那天中午与几位朋友晤聚后,德培兄去探望病中的吴方先生,我正要办事,没法同往,相约晚上机场碰头一起返沪。登机入座后,见他少有的情绪低落,许久开口:下午看了吴方,他很淡定,可看他病成这样,心情极差,头疼厉害。闻之黯然,彼此沉默不语。我对吴方先生的了解大都来自德培兄的叙述,1980 年代中后期他正主持《文学角》杂志,与吴方先生交游殷勤,有次到杭州参加文学评论会议后,以佩服语气告诉我,才华横溢的吴方先生由研究现当代文学到研究晚清民国学术文化,现进一步潜心研究中国文化史,正在写一部大书《中国文化史图鉴》(山西教育出版社 1992 年)。这部书也在德培兄推荐下,刚上市供应我就很快读到了。

1995 年夏间,我在北京为张政烺先生拍摄肖像,想不到张老对摄影兴趣浓厚,把我领进书库,给我看他的相机,一见铝合金箱子我就羡慕不已,这是当时最顶级的尼康 F5 相机及配套镜头,他说为编《中国历史图集》,是他的孩子从香港给他买的。我当时就想到吴方先生的《中国文化史图鉴》,颇有异曲同工之妙,都是以采录大量文物考古图像史料为主,概述上自史前下至明清的悠久历史文化,只是在治史规模上有明显的分量区别。

张老的经历却一波三折："1958 年我开始从事主编《中国历史图集》的工作。我倾注全力，想编成这部物质文化史，可惜由于种种原因，断断续续，虽降格以求，也终须放弃。不能以此对学术界做一份贡献，是此生一大遗憾！"（朱凤瀚整理《张政烺自述——我与古文字学》）吴方先生的《中国文化史图鉴》虽得以出版，可耗尽他的心血。每每联想这两位先生的大业之曲折，感伤不已。从北京返沪不足一月，从德培兄那里传来吴方先生"斜阳系缆"的噩耗，倍感震惊，立即打长途电话给吴彬君，听她讲述极为痛惜之经过。

随着此项专题拍摄的深入，沿着阅读《读书》杂志一路走来，能够在经历长时期思索后，幸运地形成这个摄影目标，选择被摄人物以老一辈社会科学、文学艺术专家为主，并渐渐地走近一点、再靠近一点各位老辈先生的专业领域。我想在拍摄的学术性上努力提升高度，发掘深度和开拓广度，私心崇尚葛兆光教授倡导的专业学术应由严格训练而成，把常识训练、方法训练、视野训练奉为圭臬，尤其服膺训练自我的"语言能力、对于文献与材料的鉴别能力和考据能力、对问题的分析与批判能力、懂得人文学术研究的规范与纪律"。我在前期准备、拍摄过程以及整理编辑等阶段牢牢谨守这些方法，也正是我跋涉攀登在"学路"上期待受教并不断改造完善的历程。

在拍摄过程中，有幸获得曾主持《读书》的范用先生、吴彬君的指导帮助，还有与该刊密切的多位老先生的关怀助力，真有说不尽的感铭。在采访途中，经常只要提到《读书》，总会收获亲切与信任，倍感温馨。记得有回在成都，我辗转找到袁珂老先生寓所采访，老人家专长于对历代神话的搜集、整理和研究，平日深居简出，寡言少语，当我谈及读过他在《读书》发表的《〈九歌〉十神说质疑》（1988 年第 7 期），老人家遂喜笑颜开，尽情畅谈，他特别喜欢这本杂志，每期必读。如此，使我得以顺利地完成这项摄影任务。常有同好问我采访秘诀，我总是愉快地回答，经常谈谈《读书》亦为秘诀之一。

尾　语

　　我最初的理想是自我期许这项摄影专题，让更多的读者走近二十世纪末期这一大批人文学科的"创造者"。就个人而言，整个是我自觉的所谓以摄影为载体的"学术行为"或"文化行动"，亦确实寄托了我多年的求师经历、阅读兴趣、学术理想以及对走过二十世纪的前辈们的心仪，所有被摄人物都是我通过广泛阅读而自己选择的（也有因种种原因错过的）。即使我用了十余年时间，采访拍摄各地老辈专家学者三百余人，但这仅仅是一个应该无穷无尽地追寻过程的一部分。

　　在这些年拍摄过程中，我深深感受到前辈们的崇高精神，诚如"高山仰止，景行行止；虽不能至，然心向往之"，让我常常想起葛兆光教授说的："我想，这种素质与修养不止是学者的敬业精神，是学术的气度格局，是人格的自尊自重，更是一种学人传统血脉的延续，是一种学术独立精神的传承，在学术研究中不是急功好利而是从容大度，不是急进时髦而是审慎严谨，不是偏狭固执而是从善如流，而最重要的是，一个真正的学者常常是把这种对职业的态度提升为一种对生命的精神来看待的。"（《运化细推知有味——关于三十年代佛教研究史的随想》）在这一认识的启示下，我的摄影方向、目的，乃至从内容到形式上的理想追求，相对地更为清晰了。

　　现在算算，又经历了两年余时间，将已扫描转为电子数据的底片选编装为一帙，又撰写了每位前辈的介绍小传，名曰《创造者——二十世纪中国文化名家肖像》。虽然编辑完成，而这批作品又屡屡被盗用，但多年教训让我知道这毕竟是闲置的"冷灶"，然而幸运的是今岁新正，资深编辑杨柏伟君愿意在这"冷灶"下煨一把火，尽心费力争取出版，承许仲毅、孙瑜社长先后帮助支持，在我深感"就像那冬天里的一把火，熊熊火焰温暖了我"，更为温暖着那在二十世纪行将结束之前的一位位文坛学界前贤的晚年形象。善哉！真是一位位达观实在的学术文化历史纪念长廊的建设者。

　　转眼正值酷暑苦热时节，在即将付梓之前写下以上这些回忆，我再次想起也是在《运化细推知有味——关于三十年代佛教研究史的随想》中读到葛兆光教授的感慨："为什么那个十年会造就这么多学者，而这十年的辉煌又在我心里渐渐成了一个疑问，这疑问用一句话来说就是：'现在还能再现那种学术的辉煌吗？'"他曾谈到梁漱溟晚年口述的书名《这个世界会好吗》(外语教学与研究出版社 2010 年)，像"警世钟"一样震撼人心。之后我至少有三次以上在其讲稿文章里读到他的追问"这个学界会好吗"？因此，当我在整理选编本书时，免不了仿效自问"现在这个世纪还会有这么多'创造者'吗"？

637

沈建中于戊戌六月廿一日谦约居灯下写讫
(当日正值从由由世纪广场 2 号楼 20 层派驻办公两年后返回世界金融大厦 38 层上班)

图书在版编目(CIP)数据

　　创造者：二十世纪中国文化名家肖像 / 沈建中著.

上海：上海书店出版社，2024. 8. -- ISBN 978-7-5458-2396-7

　　Ⅰ. K825. 4

　　中国国家版本馆 CIP 数据核字第 20245WW399 号

责任编辑　杨柏伟　何人越
封面设计　杨钟玮
美术编辑　汪　昊

创造者：二十世纪中国文化名家肖像

沈建中　著

出　　版　上海书店出版社
　　　　　　(201101　上海市闵行区号景路 159 弄 C 座)
发　　行　上海人民出版社发行中心
印　　刷　上海丽佳制版印刷有限公司
开　　本　710×1000　1/16
印　　张　41.5
版　　次　2024 年 8 月第 1 版
印　　次　2024 年 8 月第 1 次印刷
ISBN 978 - 7 - 5458 - 2396 - 7/K · 505
定　　价　398.00 元